科技部推荐优秀科普图书

名山奇峡

总顾问　冯天瑜　钮新强
总主编　刘玉堂　王玉德

吴成国　刘畅　著

长江文明馆献辞
（代序一）

冯天瑜

> 无边落木萧萧下，
> 不尽长江滚滚来。
> ——杜甫《登高》

江河提供人类生活及生产不可或缺的淡水，并造就深入陆地的水路交通线，江河流域得以成为人类文明的发祥地、现代文明繁衍畅达的处所。因此，兼收自然地理、经济地理、人文地理旨趣的流域文明研究经久不衰。尼罗河、幼发拉底—底格里斯河、印度河、恒河、莱茵河、多瑙河、伏尔加河、亚马孙河、密西西比河、黄河、珠江等河流文明，竞相引起世人关注，而作为中国"母亲河"之一的长江，更以丰饶的自然秉赋、悠远深邃的文化积淀、广阔无垠的发展前景，理所当然成为江河文明研究的翘楚。历史呼唤、现实诉求，长江文明馆应运而生。她以"长江之歌 文明之旅"为主题，以水孕育人类、人类创造文明、文明融于生态为主线，紧紧围绕"走进长江"、"感知文明"和"最长江"三大核心板块，利用现代多媒体等手段，全方位展现长江流域的旖旎风光、悠久历史和璀璨文明。

干流长度居亚洲第一、世界第三的长江，地处亚热带北沿，人类文明发生线——北纬30°线横贯流域。而此纬线通过的几大人类古文明区（印度河流域、两河流域、尼罗河流域等）因副热带高压控制，多是气候干热的沙漠地带，作为文明发展基石的农业仰赖江河灌溉，故有"埃及是尼罗河赠礼"之说。然而，长江得大自然眷顾，亚洲大陆中部崛起的青藏高原和横断山脉阻挡来自太平洋季风的水汽，凝集为巫山云雨，致使这里水热资源丰富，最适宜人类生存发展，是中国乃至世界自然禀赋优越、经济文化潜能巨大的地域。

长江流域的优胜处可归结为"水"—"通"—"中"三字。

冯天瑜

一、淡水富集

长江干流、支流纵横,水量充沛,湖泊星罗棋布,湿地广大,是地球上少有的亚热带淡水富集区,其流域蕴蓄着中国35%的淡水资源、48%的可开发水电资源。如果说石油是20世纪列国依靠的战略物资,那么,21世纪随着核能及非矿物能源(水能、风能、太阳能等)的广为开发,石油的重要性呈缓降之势,而淡水作为关乎生命存亡而又不可替代的资源,其地位进一步提升。当下的共识是:水与空气并列,是人类须臾不可缺的"第一资源"。长江的淡水优势,自古已然,于今为烈,仅以南水北调工程为例,即可见长江之水的战略意义。保护水生态、利用水资源、做好水文章,乃长江文明的一个绝大题目。

二、水运通衢

在水陆空三种运输系统中,水运成本最为低廉且载量巨大。而长江的水运交通发达,其干支流通航里程达6.5万千米,占全国内河通航里程的52.5%,是连接中国东中西部的"黄金水道",其干线航道年货运量已逾十亿吨,超过以水运发达著称的莱茵河和密西西比河,稳居世界第一位。长江中游的武汉古称"九省通衢",即是依凭横贯东西的长江干流和南来之湖湘、北来之汉水、东来之鄱赣造就的航运网,成为川、黔、陕、豫、鄂、湘、赣、皖、苏等省份的物流中心,当代更雄风振起,营造水陆空几纵几横交通枢纽和现代信息汇集区。

三、文明中心

如果说中国的自然地理中心在黄河上中游,那么经济地理、人口地理中心则在长江流域。以武汉为圆心、1000千米为半径画一圆圈,中国主要大都会及经济文化繁荣区皆在圆周近侧。居中可南北呼应、东西贯通、引领全局,近年遂有"长江经济带"发展战略的应运而兴。长江经济带覆盖中国11个省(市),包括长三角的江浙沪3省(市)、中部4省和西南4省(市)。11省(市)GDP总量超过全国的4成,且发展后劲不

冯天瑜

可限量。

　　回望古史，黄河流域对中华文明的早期发育居功至伟，而长江流域依凭巨大潜力，自晚周疾起直追，巴蜀文化、荆楚文化、吴越文化与北方之齐鲁文化、三晋文化、秦羌文化并耀千秋。龙凤齐舞、国风—离骚对称、孔孟—老庄竞存，共同构建二元耦合的中华文化。中唐以降，经济文化重心南移，长江迎来领跑千年的辉煌。近代以来，面对"数千年未有之大变局"，长江担当起中国工业文明的先导、改革开放的先锋。未来学家列举"21世纪全球十大超级城市"，依次为：印度班加罗尔、中国武汉、土耳其伊斯坦布尔、中国上海、泰国曼谷、美国丹佛、美国亚特兰大、墨西哥昆坎—图卢姆、西班牙马德里、加拿大温哥华。在可预期的全球十大超级城市中，竟有两个（武汉与上海）位于长江流域，足见长江文明世界地位之崇高、发展前景之远大。

　　为着了解这一切，我们步入长江文明馆，这里昭示——

　　一道天造地设的巨流，怎样在东亚大陆绘制兼具壮美柔美的自然风貌；

　　一群勤勉聪慧的先民，怎样筚路蓝缕，以启山林，开创丰厚优雅的人文历史。

　　（作者系长江文明馆名誉馆长、武汉大学人文社科资深教授）

一馆览长江 水利写文明
（代序二）

钮新强

"你从雪山走来，春潮是你的风采；你向东海奔去，惊涛是你的气概……"一首《长江之歌》响彻华夏，唱出中华儿女赞美长江、依恋长江的深厚情感。

深厚的情感根植于对长江的热爱。翻阅长江，她横贯神州6300千米，蕴藏了全国1/3的水资源、3/5的水能资源，流域人口和生产总值均超过全国的40%；她冬寒夏热，四季分明，沿神奇的北纬30°延伸，形成了巨大的动植物基因库，蕴育了发达的农业，鱼儿欢腾粮满仓的盛景处处可现；她有上海、武汉、重庆、成都等国之重镇，现代人类文明聚集地如颗颗明珠撒于长江之滨；她有神奇九寨、长江三峡、神农架等旅游胜地，多少享誉世界的瑰丽美景纳入其中；她令李白、范仲淹、苏轼等无数文人墨客浮想联翩，写下无数赞美的词赋，留下千古诗情。

长江两岸中华儿女繁衍生息几千年，勤劳、勇敢、智慧，用双手创造了令世人瞩目的巴蜀文明、楚文明及吴越文明。这些文明如浩浩荡荡的长江之水，生生不息，成为中华文明重要组成部分。

人类认识和开发利用长江的历史，就是一部兴利除弊的发展史，也是长江文明得以丰富与传承的重要基石。据史料记载，自汉代到清代的2100年间，长江平均不到十年就有一次洪水大泛滥，历代的兴衰同水的涨落息息相关。治国先必治水，成为先祖留给我们的古训。

为抵御岷江洪患，李冰父子筑都江堰，工程与自然的和谐统一，成就了千年不朽，成都平原从此"水旱从人、不知饥馑"，天府之国人人神往。

一条京杭大运河，让两岸世世代代的子孙受惠千年。今天，部分河段化身为南水北调东线调水的主要通道，再添新活力，大运河成为连接古今的南北大命脉。

新中国成立以后，百废待兴，党和政府把治水作为治国之大计，长江的治理开发迎来崭新的时代。万里长江，险在荆

钮新强

江。1953年完建的荆江分洪工程三次开闸分洪,抗击1954年大洪水,确保了荆江大堤及两岸人民安全。面对'54洪魔带来的巨大创伤,长江水利人开启长江流域综合规划,与时俱进,历经3轮大编绘,使之成为指导长江治理开发的纲领性文件。

"南方水多,北方水少,能不能从南方借点水给北方?"毛泽东半个多世纪前的伟大构想,是一个多么漫长的期盼与等待呀。南水北调的蓝图,在几代长江水利人无悔选择、默默坚守、创新创造中终于梦想成真,清澈甘甜的长江水在"人造天河"里欢悦北去,源源不断地流向广袤、干渴的华北平原,流向首都北京,流向无数北方人的灵魂里。

新中国成立以来,从长江水利人手中,长江流域诞生了新中国第一座大型水利工程——丹江口水利枢纽工程、万里长江第一坝——葛洲坝工程、世界最大的水利枢纽——三峡工程。与此同时,沉睡万年的大小江河也被一条条唤醒,以清江水布垭、隔河岩等为代表的水利工程星罗棋布,嵌珠镶玉。这是多么艰巨而充满挑战、闪烁智慧的治水历程!也只有在这条巨川之上,才能演绎出如此壮阔的治水奇观,孕育出如此辉煌的水利文明,为古老的长江文明注入新的动力!

当前,长江经济带战略、京津冀协同发展战略及一带一路建设正加推提速,长江因其特殊的地理位置与优质的资源禀赋与三大战略(建设)息息相关,长江流域能否健康发展关系着三大战略(建设)的成败。因此,长江承载的不仅是流域内的百姓富强梦,更是中华民族的伟大复兴梦。长江无愧于中华民族母亲河的称号,她的未来价值无限,魅力永恒。

武汉把长江文明馆落户于第十届园博会园区的核心区,塑造成为园博会的文化制高点和园博园的精神内核,这寄托着武汉对长江的无比敬重与无限珍爱。可以想象,长江文明馆开放之时,来自五湖四海的人们定将发出无比的惊叹:一座长江文明馆,半部中国文明史。

(作者系长江文明馆名誉馆长,中国工程院院士、长江勘测规划设计研究院院长)

目 录

天造地设的名山奇峡 / 1
山也还是那座山 / 3
江劈巫山生奇峡 / 13

你从雪山走来 / 18
圣雪缤纷长江源 / 20
玉龙飞舞云缠绕 / 22
峨眉山月照秦川 / 26
麦积烟雨两茫茫 / 29
落日斜晖染金佛 / 31
梵净诱人履岳情 / 34
茫茫林海神农架 / 37

三峡瞿塘据上游 / 40
夔府孤城落日斜 / 42
水下夔门滟滪堆 / 44
瞿塘险过百牢关 / 47
朝辞白帝彩云间 / 50

三峡风景此为异 / 52

　　李白轻舟过三峡 / 57

　　杜甫作客夔州吟 / 59

巴东三峡巫峡长 / 63

　　田野纵横千嶂里 / 65

　　三台八景壮巫山 / 68

　　宁河归来不看峡 / 71

　　巫山云峰密似麻 / 74

　　巫山十二郁苍苍 / 77

　　巫峡苍苍烟雨时 / 80

　　行到巫山必有诗 / 82

西陵山水天下佳 / 86

　　楚蜀纽带巴东城 / 89

　　秭归胜迹溯源长 / 90

　　碧水香溪忆明妃 / 94

　　西陵峡如竹节稠 / 97

　　西陵滩险知多少 / 102

　　惟有山川为胜绝 / 104

　　西陵峡口大城浮 / 108

云岭翠峰壮山河 / 110

亘古无双武当境 / 111

云绕层峦九宫山 / 114

衡山碧色映朝阳 / 118

星火燎原井冈山 / 120

庐山秀出南斗傍 / 123

江山如此多娇 / 127

天柱一峰擎日月 / 128

黄山归来不看岳 / 131

九朵芙蓉并蒂开 / 135

青山红叶栖霞山 / 139

群峰竞秀数普陀 / 141

王母斩蛇造佘山 / 144

参考文献 / 146

后记 / 147

天造地设的名山奇峡

　　长江流域的名山可谓是千姿百态，各具其韵，各领风骚。上游名山正是"你从雪山走来"的代表，中游名山"云岭翠峰壮山河"，下游名山小家碧玉，让您感叹"江山如此多娇"！"江劈巫山生奇峡"，飞泻千里的长江，形成由瞿塘峡、巫峡和西陵峡三段峡谷组成的长江三峡。三峡风光各有特色，当古诗词遇上长江三峡，正所谓"三峡瞿塘据上游""巴东三峡巫峡长"和"西陵风光天下佳"。

> 天地玄黄，宇宙洪荒；金生丽水，玉出昆冈。

万里长江发源于青藏高原的唐古拉山脉，从各拉丹冬雪山流出第一股清泉到注入东海海域，自西向东，途经一、二、三级阶梯，泽被大半个中国的土地，其主干流域从西向东依次经过青海、西藏、四川、云南、重庆、湖北、湖南、江西、安徽、江苏、上海市11个省（自治区、直辖市），其支流也延伸到贵州、甘肃、陕西、河南、广西、广东、浙江与福建8个省（自治区），构成了我们常说的"长江流域"。

「长江的发源地唐古拉山」

长江流域有着数不胜数的名山，可谓是千姿百态，各具其韵，各领风骚。整个长江流域的山区高原面积占全流域面积的70%以上，流域内的山脉数量众多，或崇山峻岭，或重峦叠嶂，或悬崖峭壁，或连绵起伏，或白雪皑皑，或雄伟壮丽，或秀美可人。上游名山"你从雪山走来"，中游名山"云岭翠峰壮山河"，下游名山会让您感叹"江山如此多娇"！

长江流域还有举世闻名的峡谷——长江三峡。"江劈巫山生奇峡"，飞泻千里的长江，到了重庆奉节境内，劈开巍巍夔门，切断云雨巫山，冲出混茫西陵……把峭壁、悬崖、险滩、激流的壮美奇观献给了人类，形成集自然风光、人文景观和丰富的地质现象于一体的世界著名峡谷——由瞿塘峡、巫峡和西陵峡三段峡谷组成的长江三峡。三峡风光各有特色，当古诗词遇上长江三峡，正所谓"三峡瞿塘据上游"、"巴东三峡巫峡长"、"西陵风光天下佳"。

本书将带您去游览长江流域的名山奇峡，去亲近天造地设的名山奇峡，然后由衷发出"醉在此山中""最美是三峡"的感叹……

山也还是那座山

我们先从长江上游的山群说起。

长江源头沱沱河所在地的青海省拥有庞大的雪峰群，四处可见白雪皑皑、傲立天地的白峰，万仞耸立，绵亘千里，气势雄浑。唐古拉山脉与昆仑山脉在这里交会，其主要对外

「长江正源沱沱河」

开放的山峰有14座：昆仑山脉东部的最高峰阿尼玛卿峰，终年积雪。各拉丹冬峰、唐古拉山和龙亚拉峰同属唐古拉山脉，其中各拉丹冬峰正是长江的发源地。昆仑山脉的雅拉达则峰，作为黄河的发源地，则傲立于雪山之中。昆仑山脉的青新峰（布喀达坂峰）是与新疆交界的山峰，也是青海省的最高峰。昆仑山脉的另一峰年保玉则峰由3个常年积雪的山头组成，俯瞰形似花瓣，当地的牧民更是将其视为神山。还有昆仑山脉的错日尕则峰、马兰山、湖北冰峰、五雪峰与大雪峰。玉珠峰也是昆仑山脉有名的山峰，山顶冰川纵横，终年积雪，也因为它坡度平缓，攀登难度不大，被视作学习攀岩与滑雪的理想之地，是国家登山队的训练基地。玉虚峰是玉珠峰的姊妹峰，同属昆仑山脉，位于昆仑山口的西侧，因传说玉皇大帝的妹妹玉虚女神在此居住，故而得名。

长江自西向东途经的第二个省份是西藏。西藏位于我国青藏高原的西南部，平均海拔在4000米以上，素来有"世界屋脊"之称。从南至北主要的山脉依次是喜马拉雅山脉、冈底斯山脉、念青唐古拉山脉、喀喇昆仑山脉等，由于山峰众多，在此不一一列举，以有名的山峰为例：首先是喜马拉雅山脉的主

「高大雄伟的喜马拉雅山」

峰珠穆朗玛峰,位于我国与尼泊尔的交界处,是世界第一高峰。洛子峰是世界第四高峰,以地形险峻、环境复杂、大小冰川密布而闻名。马卡鲁峰是世界第五高峰,山上多有巨型冰川,陡崖和裂缝随处可见,因此经常出现雪崩现象。卓奥友峰是世界排名第六的高峰,山势雄伟壮阔,雪峰林立,层峦叠嶂。希夏邦马峰是世界上14座8000米以上的山峰中海拔最低的山峰,也是唯一一座完全在中国境内的8000米以上的山峰,另外还有格仲康峰、摩拉门青峰、纳木那尼峰、章子峰、念青唐古拉峰、格拉岗日等39座对外开放的山峰。

四川省被称为"天府之国"。她物产丰富,土地肥沃,拥有山林秀美的自然风貌。四川省境内也有许多享有国际盛名的名山:山势雄伟又兼具秀丽清雅、有着绵延百里的层峦叠嶂、也有清新优雅的林间小道、素有"秀甲天下"

「"秀甲天下"的峨眉山」

美誉的峨眉山。山间林木环绕、四季常青、形成独有的幽深而又静谧的青城山,更有文人以"青城天下幽"来描绘她的幽景幽情。以冰川地貌为主、被誉为"蜀山之王"的贡嘎山,水色清澈,足可见底,保持着最为原始的自然景观。还有被誉为"蜀山之后"的四姑娘山,由四座绵延不断的山峰组成,这四座山峰长年冰雪覆盖,如同待嫁的四位少女一般,茂密的树林更添其姿容俊俏。位于中国优秀旅游城市、巴蜀四大古城之一的"文君故里"邛崃市的天台山也是四川省内的名山,这里动植物种类丰富,拥有许多国家保护的珍稀植物和动物。杜甫曾写下"窗含西岭千秋雪,门泊东吴万里船"赞赏这里的美景,这里就是成都西郊的西岭雪山,有着终年不断的积雪,早观云海日出、午看森林佛光都是不错的选

「青城天下幽」

择。作为茶的发源地而成为"世界茶文化圣山"的蒙顶山，山势巍峨壮阔，峰峦秀丽，是国家4A级风景名胜区。除此之外，还有龙门山、天台山、光雾山、地跨巴蜀的华蓥山、老君山、跑马山、达古雪山等名山。

"彩云之南，孔雀飞去"。云南省作为云贵高原的组成部分，相对平缓的山区只占总面积的10%，大部分呈现出高低参差不齐、纵横起伏的现状。云南境内的山峰众多，地处滇、川、藏三省交会处，境内山峰众多。梅里雪山是云南第一高峰，是雍仲本教的圣地，位于怒江与澜沧江之间，平均海拔在6000米以上，迄今为止没有人成功登

「云南最壮观的雪山山群梅里雪山」

顶。鸡足山雄踞于云贵高原的宾川县西北隅，与大理、洱源毗邻，因其山形形似鸡足而得名，拥有莽莽苍苍的原始森林，其间不乏奇花异草与珍禽异兽；高黎贡山坐落于怒江西岸，是国家级的自然保护区，是不少野生动植物赖以生存的摇篮。玉龙雪山是中国最南端的雪山，也是北半球最南端的雪山，以险、奇、美、秀著称于世。同样有名的雪山还有与高黎贡山交相辉映的碧罗雪山。还有绵亘数十里，峰峦起伏，被列为国家森林公园的巍宝山。通海秀山素有"秀甲滇南"的美誉，山上树木茂盛，古建筑群和楹联随处可见，浓浓的文化气息隐隐透出。与洱海并称，位于云岭山脉南端主峰的苍山巍峨雄壮，与秀丽的洱海风光形成强烈对照。还有位于昆明市郊，现被辟为森林公园的昆明西山。

重庆历来有山城之称。重庆地处长江上游地区，地形地貌以山地、丘陵为主，大巴山脉、巫山山脉、武陵山脉以及大娄山脉围绕在她身边。重庆市区多以低矮的丘陵为主，枇杷山、鹅岭、照母山等森林公园。素有"渝西第一峰，山城绿宝石"美誉的歌乐山因为长篇小

「险、奇、美、秀的玉龙雪山」

「"南国第一牧原"仙女山」

说《红岩》而广为流传,距离重庆市中心16千米。缙云山距离重庆市中心35千米,坐落于重庆市北碚区的温塘峡边,因其山间白云缭绕、似雾似烟而得名。位于重庆长江南岸的南山,被誉为整个重庆的"肺叶",平均海拔不超过500米,是野外运动爱好者的绝佳选择。风景秀美的樵坪山、铁山坪都是夏季躲避酷热的凉爽之地。还有地处重庆远郊的仙女山,素有"南国第一牧原"和"东方瑞士"之称,清幽秀丽的森林草原风光在重庆可谓独具风格。拥有"华夏第一高瀑"的望乡台瀑布、中国最大心形景观"天下第一心"和世界著名的"七彩瀑布"的四面山同样值得一去。与"峨眉山、青城山、缙云山"同为巴蜀四大名山的金佛山是拥有"七项国家级桂冠"的景区,2014年成功入选世界自然遗产名录。

「拥有"七项国家级桂冠"的金佛山」

接下来我们来到长江的中游地区。

中游以湖北省宜昌为界,湖北省水网纵横,湖泊密布,素有"千湖之省"的美誉。在地势上,湖北呈现东、西、北三面环山,中间低平的地形。代表性的山数量不少,位于湖北省十堰市丹江口水库境内的"太岳"道教名山武当山被称为"亘古无双胜境,天下第一仙山",高峰林立,有许多悬崖峭壁的断层崖地貌。被称为"中武当"的湖北长阳天柱山,与武当山南北交相辉映。当阳还有玉泉山。罗田县的天堂寨是大别

「"植物的王国,花的海洋"天堂寨」

天造地设的名山奇峡

山第二高峰，是华东地区最后一片原始森林，被称为"植物的王国，花的海洋"。通山九宫山位于咸宁市，这里雄奇险峻，风景怡人，兼具赏景、避暑、休闲于一体。黄袍山位于湖北省咸宁市的通城县塘湖镇东侧，是湖北十大名山之一。黄袍山历史悠久、风景秀丽，传说古代有仙人晒黄袍于此，故而得名。屈原故里——秭归县的凤凰山也有其独特的自然风情。位于江南古城鄂州市的莲花山风景秀丽，这里山连九峰，貌似金莲初开，独展灵秀，故而得名。地处浠水的三角山以其古、奇、特、丽闻名遐迩。素有"楚北天空第一峰"美誉的大洪山景区自然风光秀美，山势雄伟，峰峦叠翠，千年银杏与漫山的奇花异卉和谐共处，令人心生向往。另有大别山南麓的双峰山，位于孝感市区东北部，是孝感第一峰，这里奇峰竞秀、树木葱郁、潭水碧翠，相传此山是七仙女的化身，古有"仙源"之称。还有与武汉市相隔68千米，位于鄂州的西山。三国时期东吴建都鄂州（当时称为"武昌"）时，吴王孙权曾在此山之上辟有别馆，这里漫山草木青翠，鸟语花香，清风爽润，是人们娱悦身心的旅游、度假胜地。而武汉市内的木兰山、龟山与蛇山更是市民平日休闲的好去处。

有"秋风万里芙蓉国"美誉的湖南省也是名山省份的代表。全省南、西、东三面山地环绕，比较大的山脉分别是与广东交界的南岭山脉，西部的武陵山脉，与广西交界的越城岭以及与江西交界的罗霄山脉。位于武陵山区的张家界风景区是湖南省著名的山地景区代表，这里2000多座奇峰异石拔地而起，绵延不断，千姿百态，拥有茂密的植被覆盖，被人誉为"世外桃源"。湘江之畔的南岳衡山巍峨壮丽、气势如虹，如同一只展翅欲飞的玄鸟，

「"世外桃源"张家界」

「巍峨壮丽、气势如虹的南岳衡山」

这里山峰错落有致，林木茂密，景色秀丽。"看万山红遍，层林尽染"的岳麓山，是中国四大赏枫胜地之一，这里古木参天，层峦叠翠，山涧奇幽，素有"青山毓秀，林泉钟灵"的美誉。"湘东绿色明珠"大围山群山环绕，树林茂密，风景秀丽，其主峰七星岭，为湘东第一高峰。作为湘鄂两省分界山的壶瓶山被称为"湖南屋脊"，这里群山巍峨，奇峰挺拔。因山顶长年积雪而得名的雪峰山动植物资源十分丰富。湖南省第一高峰酃峰山峦重叠，地势险峻，沟谷纵横，风光无限。坐拥神奇丹霞地貌的莨山，其地理风貌得天独厚，风光旖旎，具有丰富的生物多样性和很高的自然遗产保护价值。毛主席故居韶山的韶峰景区有八景，分别为韶峰耸翠、仙女茅庵、胭脂古井、石屋清风、顿石成门、塔岭晴霞、凤仪亭址、石壁流泉。阳明山位于潇水之东，主峰海拔1625米，山高水秀、林木茂密，环境幽美，景色迷人。连云山远视之时如入云端，除非天朗气清，否则难见山巅，故而得名，这里峭壁千仞，群山起伏，沟壑纵横。还有革命圣地八面山危石耸立，是物种资源和遗传资源的天然宝库。除此之外，更有宁乡的沩山、岳阳的君山、郴州的莽山、永州的九嶷山、益阳的会龙山与浮邱山、湘西的乌龙山等大小奇山。

长江下游地区的山峦以秀丽多娇而闻名。

「山之精品、人类瑰宝、道教圣地三清山」

下游以江西省湖口为界，地形以丘陵山地为主，名山奇景更是数不胜数。盆地、谷地广布。江西有十大名山，分别是：红色圣地，天下第一山井岗山；南昌的后花园，"小庐山"梅岭；集"奇、险、灵、巧"于一身，素有"江上龟峰天下稀"和"天然盆景"誉称的龟峰；山之精品、人类瑰宝、道教圣地三清山奇秀无比、美轮美奂的翠微峰；九叠屏风奇秀甲天下的庐山；道教发源地龙虎山；高山草

「九叠屏风奇秀甲天下的庐山」

甸，世界罕见的武功山；自然风光秀丽，沿途奇山异石，溪水瀑布，名胜古迹比比皆是的云居山。东江源头三白山，是对香港同胞具有饮水思源特殊意义的旅游胜地。除此之外，还有位于宜春市的明月山，这里是月亮文化与禅宗文化的发源地，融山峰、石碑、树林、山泉、瀑布、湖泊、竹海为一体。因山石多隙，水石相搏，击出如钟鸣之声而得名的石钟山。上饶市的灵山叠嶂西驰，万马回旋，众山欲东。南城县的麻山山势秀丽，万木葱笼，鸟语花香，物产丰富。

「"五岳归来不看山，黄山归来不看岳"的黄山」

安徽省文化古迹众多，是中国旅游资源最丰富的省份之一。安徽省坐拥许多著名山峰。安徽省有六大名山，素有"五岳归来不看山，黄山归来不看岳"的黄山。国际性的佛教道场九华山，因有九峰形似莲花，因此而得名。"天柱一峰擎日月，洞门千仞锁云雷"的天柱山，以其雄奇灵秀的山水、葱葱郁郁的花卉树木、成为驰名中外旅游观光的胜境。古称"白岳"，以道教文化和丹霞地貌为特色的齐云山素有"黄山白岳相对峙，绿水丹崖甲江南"之称。名山相山山势陡峭，山峦起伏，

「九峰形似莲花的国际性佛教道场九华山」

连绵百里。八公山位于淮河南岸，绵延30余千米，峰峦数百，峰峦错峙，向来为兵家必争之地。除此之外，还有位于皖豫鄂三省交界处的革命圣地大别山，白马尖、天堂寨都是其有名景区。形态特异，孤峰耸立，以奇、险、独、孤而著称的小孤山素有"江山蓬莱"的美称。秀丽险峻、高耸特立，因《醉翁亭记》而得名的琅琊山有着"蓬莱之后无别山"的美称。合肥近郊唯一的一座大山大蜀山由火山喷发形成，火山遗迹至今犹在。江西省的名山还有肥西县的紫蓬山，宣城市郊的敬亭山，巢湖市的银屏山，东至县尧舜文化景区舜耕山，舒城县西南的万佛山，岳西县城西南的司空

山,马鞍山市有被称为"江北第一山"的鸡笼山,因《游褒禅山记》得名的褒禅山,含山县的太湖山,安庆市北郊的大龙山,素有"皖南门户"之称的马仁奇峰,郎溪县的石佛山,芜湖县的珩琅山,霍山县的"小南岳"南岳山以及安徽省枞阳县的佛教名山浮山。

「"金陵毓秀"的紫金山」

江苏的地形条件决定了虽然山势不高,但多负盛名。其中有南京东郊"金陵毓秀"的紫金山,栖霞区"第一金陵明秀山"的栖霞山以及风景绝佳的将军山。常州溧阳的南山最高海拔508米,为吴越第一峰。溧阳还有巍峨壮观、大有险峰刺破青天之感的青峰山以及锅底山。徐州有云龙山,连云港有花果山与锦屏山,洪泽有老子山。镇江有石壁嵯峨,山势险固,因三国故事而出名的北固山和因《白蛇传》中"水漫金山"而闻名的金山,以及绿草如茵,满山苍翠的焦山。金坛和句容交界处的茅山是道教上清派的发源地。宜兴有茗岭山与丘陵起伏、植被茂密的龙背山。苏州有素有"吴中之巅"的穹窿山、七子山、山势峭峻奇险的天平山以及"秀绝冠江南"的灵岩山。常熟市内有蜿蜒入城的虞山,南通市有狼山,新沂有马陵山等。

「因《白蛇传》中"水漫金山"而闻名的金山」

长江从上海崇明岛注入东海,小山丘基本上集中在松江区内。比较有名的是库公山、凤凰山、薛山、佘山、辰山、天马山、机山、横云山、小昆山,有"松郡九峰"之称,实际上还有钟贾山、北竿山、卢山等。

长江河网密布,支流延伸至贵州、甘肃、陕西、河南、广西等省份。

天造地设的名山奇峡

贵州是世界上岩溶地貌发育最典型的地区之一,有绚丽多彩的喀斯特景观。流经贵州的长江支流主要为乌江,又称"黔江",是长江上游右岸的著名支流。贵州省内位于乌江及其支系河流流域的名山有位于凯里市的香炉山,四面石崖绝壁,形如香炉,因此得名"香炉山";位于石阡县的佛顶山,是黔东佛教的圣地,同时也是贵州东部的第二大高山;位于铜仁市的梵净山,得名于"梵天净土",它是武陵山脉的标志,也是中国五大佛教名山之一;"北拒巴蜀,南扼黔桂"的大娄山既是乌江和赤水河的分水岭,也是贵州高原与四川盆地的分界山脉。

「香炉山」

甘肃是中华民族和华夏文明的重要发祥地之一,平原、山地、河谷、沙漠等交错分布,形成复杂多样的地貌。长江上游的主要支流嘉陵江的支流白龙江与西汉水流经甘肃,是甘肃的重要饮水来源。位于西汉水流域的名山有形似麦垛而得名的麦积山,麦积山位于天水市东南方,被称为"东方雕塑馆"和"闻名世界的艺术宝库"。位于西汉水流域的名山有扎尕那山,"扎尕那"意为"石匣子",山势地形既像一座天然形成的完整古城,又像一座规模庞大的巨型宫殿,俗有"阎王殿"之称。

陕西地形狭长,地貌复杂,山水川原各具特色。陕西地势的总特点是南北高,中部低。北部是陕北高原,中部是关中平原,南部是秦巴山区。长江最大的支流汉江的支流丹江与岚河都发源于陕西。山体色赤、状若鸡冠的凤冠山位于商洛市丹凤县,是丹江发源之地,凤冠山是丹凤县的主山,素有"山城之父"、"闹市幽境"之誉。千姿百态、奇趣横生的南宫山位于安康市岚皋

「凤冠山」

县，是岚河注入汉水的入江口，以冰川地貌取胜，集奇、险、野、秀、幽于一体。

河南有许许多多的历史名山，主要包括秦岭山脉、崤山山脉、熊耳山脉、与伏牛山脉。汉江的支流清河、唐白河与丹江或发源或流经此省。河南嵩县的攻离山是唐白河的发源之地。伏牛山是淮河与汉江的分水岭，三大主峰分别为鸡角尖、玉皇顶和老君山，伏牛山山脉规模巨大，山势异常雄伟。

「伏牛山」

广西省的桂林山水甲天下，典型的喀斯特地形构成了别具一格的桂林山水。广西水系众多，大多为珠江流域，只有广西兴安县的白石乡一处是长江支流湘江的发源地。猫儿山地处资源和兴安两县境内，因山顶峰形似蹲伏的猫儿而得名，著名的革命家陆定一曾在老山界题碑称誉猫儿山有"泰山之雄、华山之险、庐山之幽、峨眉之秀"。

「桂林山水」

长江流域的名山，是中国名山的重要组成部分，居神州名山之大半。山的雄阔壮丽、僻静清幽为整个长江文化增添了几分超凡脱俗的色彩。就让我们在这与世隔绝的翠峰之上闲看山外花开花落，漫观天外云卷云舒吧！

江劈巫山生奇峡

有山则多有峡，有峡则多有水，山因峡而多姿，因水而活跃。长江流域最有名的峡谷当属三峡无疑。长江三峡风景名胜区是世界级的风景名胜区，以其雄奇的峡谷、厚重的人文情怀、淳朴的民风闻名于世，她拥有瞿塘峡、巫峡和西陵峡三座各具特色的峡谷，作为中国十大名胜之一，早已驰名中外，为世人所景仰钦慕，近年来三峡的游客有数百万。三峡，是长江伟大身躯中不可或缺且精彩绝伦的一段。三峡是数千年中华民族历史文化的积淀，她既见证了中华民族的起源，也目睹了伟大的中华民族的振兴与现代工业文明的起步。

「巫山」

郦道元曾有名篇这样描绘三峡："自三峡七百里中，两岸连山，略无阙处。重岩叠嶂，隐天蔽日。自非亭午夜分，不见曦月。至于夏水襄陵，沿溯阻绝。或王命急宣，有时朝发白帝，暮到江陵，其间千二百里，虽乘奔御风，不以疾也。春冬之时，则素湍绿潭，回清倒影。绝巘多生怪柏，悬泉瀑布，飞漱其间，清荣峻茂，良多趣味。每至晴初霜旦，林寒涧肃，常有高猿长啸，属引凄异，空谷传响，哀转久绝。故渔者歌曰：'巴东三峡巫峡长，猿鸣三声泪沾裳！'"

神州大地，日月经天，江河行地，雄奇、险峻、幽深、秀丽的峡谷往往与大江大河相伴共生。长江三峡大体可分为广义、狭义和常说的三峡：

> 广义的三峡指的是长江西起四川宜宾，东至湖北宜昌共1044千米的江段。
>
> 通常所说的三峡指的是西起重庆市，东至湖北宜昌共659千米的江段。
>
> 狭义的三峡特指西起奉节白帝城，东至宜昌南津关的192千米江段里的瞿塘峡、巫峡、西陵峡这三个特大峡谷。

长江上游分布着诸多峡谷，是其特殊的地质、地理条件所形成的。在人类还不能用科学的原理解释自然现象的时代，人们只能借助于神话：有的说三峡是大禹治水时开凿的，有的说是仙女瑶姬的神功……这些传说，增加了三峡的神秘色彩，更诱人前往寻幽揽胜。

根据地质学研究，三峡的形成，是强烈的造山运动所引起的海陆变迁和江河发育的结果。长江形成之初，三峡河段是起伏不大的丘陵，河床宽阔高悬，江流既缓，水量也小。到距今300万年前的第三纪末，长江流域西部地势进一步抬高，江水加剧了对三峡地段的切割。下切持续长达300万年之久，终于切穿了齐岳山、横石溪、楠木园、黄陵等背斜，分别形成瞿塘峡、巫峡、西陵峡西段（或称"西陵峡上段"）和西陵峡东段（或称"西陵峡下段"）以石灰岩为主的90千米的大峡谷。同时穿过巫山向斜、秭归向斜和被风化剥蚀的黄陵背斜核部时，又形成了大溪、香溪和庙南三段总长约102千米的宽谷。经过以上的地质演变，使西部古长江与东部古长江经由三峡，实现了贯通，这才诞生了今天这样万里长江东流去和天造地设般的三峡奇幽深秀的景色。

> 三峡，是长江之精灵，是大自然创造的奇迹，是造物主送给华夏子孙的天地奇观。
>
> 说三峡是天造地设，还表现在造物主赋予了奇峡鬼斧神功的天然美景。长江三峡风景区于1991年荣登"中国旅游胜地40佳"榜首，美甲天下，足见其惊世之殊。

长江三峡高度集中的深谷长峡，高山急流，其景色之壮观，气象之宏阔，称雄世界。三峡的山水峡林泉洞，包罗万象；雄奇秀险峻幽，无奇不有。三峡峡长约200千米，为中国第二长峡。峡谷以瞿塘峡内的"风箱峡"、巫峡内的"金盔银甲峡"、"铁棺峡"和西陵峡内的"兵书宝剑峡"、"牛肝马肺峡"、"崆岭峡"、"灯影峡"、"黄猫峡"（又名"宜昌峡"）等8个

「铁棺峡」

天造地设的名山奇峡

峡谷最为著名。瞿塘峡、巫峡、西陵峡三个峡谷，各具特色，各呈其美。200千米水路不算短，但是，正如余秋雨教授在《三峡》一文中所写道："你绝不会觉得造物主在作过于冗长的文章。这里所汇聚的力度和美色，铺排开去2000千米，也不会让人厌倦。"的确，瞿塘峡的雄伟险奇，振人魂魄；巫峡的幽深秀丽，引人遐思；西陵峡的奇险壮观，使人振奋。

三峡两岸，峰高壁削。奇峰有赤甲山、白盐山、巫山十二峰（登龙峰、圣泉峰、朝云峰、神女峰、松峦峰、集仙峰、净坛峰、起云峰、上升峰、飞凤峰、翠屏峰、聚鹤峰）、金字山、五老峰、凤凰山、链子岩、仙女山、黄牛

「三峡自然风光」

岩、天柱山等，其中以神女峰、朝云峰、黄牛岩最为奇丽。三峡峰高谷深，与江窄水险形成强烈的对比，共同构成一幅既奇险狰狞又雄健壮丽的峡江山水图。

江险、谷深、峡长，构成了三峡壮丽多姿的自然景观。同时，三峡风景旅游带景区辽阔，几乎占尽了天下所有的自然景色。山、水、峡、林、泉、洞，无奇不有，被称为"天然博物馆"。

峡谷、奇峰、险滩、流泉、溶洞构成了峡江两岸奇异瑰丽的自然景色和优美的山水风光。峡谷、奇峰前已简述。峡江险滩有箜篌滩、泄滩、九龙滩、莲花滩、新滩、崆岭滩、黄牛滩、无义滩、獭洞滩等，其中以泄滩、新滩、崆岭滩最为惊险。流泉有圣姥泉、三响水、狮子崖泉、玉虚泉、蛤蟆泉、鲤鱼泉、陆游泉等，其中以圣姥泉、蛤蟆泉最为著名。溶洞有盔甲洞、黄金洞、七道门、玉虚洞、黄颡洞、石龙洞、三游洞等，其中以黄金洞、玉虚洞、三游洞最为奇特。还有那妖娆多姿的支流，如大溪、大宁河、青石溪、神农溪、香溪、九畹溪、太平溪、乐天溪、莲沱溪、下牢溪等。那些"世界稀有"、"中华之最"的风光景点和珍奇动植物，如世界之最的奉节天坑地缝，神农溪捕获的我国也是世界上最大的娃娃鱼、巴东的"亚洲第一松"和木莲、西陵峡口的中华鲟鱼……一山一水一风

景，吸引无数中外游客观光旅游。

巍巍三峡，历史悠远，文物丰富，浓缩了中华五千年乃至更长时期的

> 三峡实在是一个美丽、奇妙而又神秘的地方，秀峰连绵、重峦叠嶂、峭壁对峙、隐天蔽日、烟笼雾锁、峡雨蒙蒙、风韵多姿、气象万千，情趣无限。三峡是大自然的杰作，揽尽山、水、泉、洞之美，兼得雄、奇、险、幽之胜，人们誉之为"天然画廊"和"地质博物馆"。

文明。距今200多万年的巫山深处，隐藏着人类最早的身影，大溪文化遗址的发现证明了长江三峡的历史渊源。绝壁岩棺，长眠着巴人的祖先。大江两岸，布满了历史进步的足迹。这里，丰富的历史掌故和地理沿革，瑰丽的风景名胜和文物古迹，多彩的民间传说和峡中风情，引人入胜，动人心弦。因此，三峡也称得上是"历史文化的长廊"和"人文艺术的宝库"。

随着历史车辙的不断前行，万里长江第一坝的葛洲坝工程在20世纪80年代末成功竣工。中国革命之父孙中山先生早在1918年的《建国方略》一文就曾提及要在长江中游附近建立三峡工程的原始设想："当以水闸堰其水，使舟得溯流以行，而又可资其水力。"三峡工程于1994年12月14日正式动工修建，2006年5月20日全线修建成功。整个工程包括主体建筑物及导流工程两部分，是当今世界最大的水利水电枢纽工程，在防洪、蓄电与发电、改善航运条件设施建设方面具有巨大的综合效益。三峡就是这样一个汇聚古老的历史文化

「举世瞩目的三峡工程」

与先进的科技信息，聚集巧夺天工的大自然力量与人力的产物。

> 三峡，是一首诗，是一幅画，是一座古老艺术的迷宫，是一座现代科学的殿堂。

面对奥妙无穷的三峡，许多到三峡来乐山恋水、寻幽访胜的词人墨

客、文才巨擘、画坛巨匠，用语言和色彩表达过他们的惊叹，同时也道出了他们的无奈：

清人张问陶《瞿塘峡》诗曰："便将万管玲珑笔，难写瞿塘两岸山。"

今人梁上泉《三峡放歌》高唱："画笔乱扫巫山云，写不尽三峡奇景；画笔蘸干长江水，写不尽三峡豪情。"

笔者曾多次去过三峡，去感受那山的雄浑诡秘、水的绮丽无常、云的扑朔迷离、洞的深幽玄奥、景的巧夺天工……只可惜纵有"马良神笔"、"李杜诗才"，也难以描绘三峡的神奇和美丽。

《中国三峡文化概论》一书的作者深情地写道："21世纪的三峡库区，是一首诗，是一幅画，是一座古老艺术的迷宫，是一座现代科学的殿堂。我们只能展望到它的一角，而不能看尽那遥远的、美丽的未来……"憧憬三峡的未来，这一段文字正好说出了我们大家的心里话。

你从雪山走来

长江上游气候寒冷,每逢冬日,千里冰封,万里雪飘。"圣雪缤纷长江源"说的是各拉丹冬雪山,她是长江的源头,也是最具特色的冰川雪山;"玉龙飞舞云缠绕"说的是玉龙雪山,她好似一条银色的玉龙在云间飞舞;"峨眉山月照秦川",秀甲天下;"麦积烟雨两茫茫"直耸云霄,形似麦垛;还有"落日斜晖染金佛"的金佛山,"梵净诱人履岳情"的梵净山,"茫茫林海神农架",每逢冬雪,山顶银装素裹,就好像进入冰雪世界一样……

你从雪山走来

> 中国的疆域幅员辽阔。遥远的西部有着两个来自大自然恩赐的礼物，她们分别是被喻为"世界屋脊"的世界上海拔最高的青藏高原与拥有典型喀斯特地貌的云贵高原，她们有如两颗璀璨的明珠在我国西部熠熠生辉。

青藏高原在中国境内面积达到257万平方千米，是中国最大的高原，平均海拔达到4000~5000米。青藏高原最令人印象深刻的当属她的生态环境与生物资源，这里同时拥有最奇特的生态环境与最多样的生物资源。这里的高原上有许多白雪皑皑的冰川、秀丽多姿的高山湖泊。地势高、冰川分布广的特点使得青藏高原是亚洲多条有名江河的源头：中国第一长的河流长江、中华民族的母亲河黄河、波涛汹涌的澜沧江、水急滩高的怒江、中国最长的高原河流雅鲁藏布江、印度的圣河恒河等都发源于这里。

万里长江就发源于青海省唐古拉山脉各拉丹冬的姜根迪如冰川。长江从冰川上由一滴滴冰川融水汇聚成沱沱河，自西向东流入大海，灌溉了大半个中国。这里不仅有晶莹剔透的圣洁冰山，也有人迹罕至的冻土高原和种类丰富的野生动物。这里汇聚了大自然的原始之美与创造之奇，身处其间，聆听依稀传来的声声祷告与虔诚的唱诵。青藏高原有许多与佛教相关的神山。其中以卡瓦洛日雪山、冈仁波齐山、阿尼玛卿山和尕朵觉沃山为代表。大自然造就了雪山的身躯，信仰的力量成就了雪山的灵魂。

云贵高原位于我国的西南部，是云南高原与贵州高原的合称，也是中国的第四大高原。其海拔为1000~2000米，这里的地势同样不是一马平川，高原间多盆地与湖泊，崎岖不平，是典型的喀斯特地貌。罕见的溶洞、石钟乳和地下暗河等景色在这里广泛分布，可谓是山奇水秀，妩媚多彩。

这里聚集中国的美景。除了壮阔秀丽的高山，还有可以细细品味的苍山洱海，美丽的丽江古城和风光秀丽、五彩斑斓的蝴蝶泉。静谧中不乏悠远，来这里可以放松自己，遗忘烦恼，不是刻意营造的美景却让人印象深刻。这里还有神秘的女儿国泸沽湖，母系氏族文化让人感受神秘的走婚制度，风景优美，湖水清澈，闪耀着透亮的蓝光。

圣雪缤纷长江源

各拉丹冬雪山是我国最具特色的冰川雪山之一。各拉丹冬雪山位于唐古拉山的中段，在她东面的山脚下，有一片巨大的U形冰川，她们慢慢向着对方靠拢，逐渐汇聚成冰塔群，被人们称为"岗加巧巴"（意为百雪圣灯）。从冰乳石上慢慢滑落的冰雪在阳光的照

「冰塔林」

耀下熠熠发光，闪耀着白润的光芒，宛若圣灯一般皎洁透亮。正是这些融化的雪水，她们与高山、土地、湖泊化为一体，她途径巍峨壮阔的青藏高原，奔腾至山奇水秀的云贵高原，欣赏遍地翘楚的鄂湘两省，饱览吴汉风韵与水乡风景，最后回归大海，完成了她不朽的征程。

这些冰塔群得益于大自然的鬼斧神工的创造，其形状千奇百怪。置身其间，周围都是高高低低的冰林，她们或如亲昵的情人相互依偎；或如白甲银盔的战士盛气凌人；或如刚出鞘的家传宝剑一样如秋霜寒光闪闪，直指苍穹。总之奇形怪状比比皆是。最为神秘莫测的当属冰林深处的七色光，冰林深处存在一裂缝，耀眼缤纷的七色光从冰缝中隐隐透亮，看上去变幻莫测，色彩缤纷。怕是没有人知道这彩光是天地间的灵气汇聚而成还是上仙留下的宝藏……或如精工细雕的水晶塔一般照亮前方的黑暗；或浪漫纯洁的冰桥如彩虹横跨冰川之间，美轮美奂，看上去精致通透。这样的冰清玉洁，晶莹剔透，仿若真的走进了童话世界，走进了冰雪王国。

「各拉丹冬雪山」

各拉丹冬雪山的特殊地位就在于她是长江的源头。她位于西藏那曲安多县玛飞吉日乡，以其俊朗挺拔的高

你从雪山走来

"长江源"石碑

大身躯,被尊称为中华儿女的父亲山。看那雪山山麓处冰岩上的纹路,是大自然经过亿万年才雕凿而出的年轮,是鬼斧神工的作品,也是岁月的沉淀。万里长江就是从这里迈出第一步,积少成多,滴水成河,自西向东,一路凯歌,直奔东海。

20世纪70年代,长江水利委员会经勘查发现长江源头正是唐古拉山脉主峰各拉丹冬雪山西南方向的沱沱河。有关源头的这样一个论证自然是经历了漫长的考证与勘查过程,这也是中国科技逐步发达的真实象征与写照。

而长江源头的第一滴水据定位是来自原各拉丹冬的姜根迪如冰川,姜根迪如藏语意为"狼山",名如其山,证实了此乃人类难以攀登的冰川。

姜根迪如冰川

各拉丹冬的整个冰川覆盖率达到790.4平方千米。但各拉丹冬的山麓却为黑色,黑色和白色形成最强的对比。皑皑雪山在阳光的照耀下闪闪发光、晶莹剔透。不同的季节可以观赏到不同的美景:冬季,这里是冰雪组成的童话世界,满眼都是白茫茫的一片,到处可见银装素裹的景致;夏秋季节,这里又充满了生机勃勃的美景,烈日当头,冰雪消融。山麓周围的天然草原上盛开着五颜六色的花朵,姹紫嫣红别有一番滋味,草原上四处点缀着成群的牛羊,这里还可以看到藏羚羊、野牛、白唇鹿、野驴等平原难得一见的珍禽异兽。

这片人迹罕至的神秘之地,令人向往,令人钦佩却也令人畏惧……

玉龙飞舞云缠绕

玉龙雪山是著名的横断山脉中南段的高山。她坐落于云南省丽江市玉龙纳西族自治县境内，南北长达35千米，东西宽13千米，山域面积达525平方千米，是北半球纬度最南的面积最大的雪山。玉龙雪山的13座山峰直插云霄，主峰扇子陡峰更是高达5596米。这里的山峰座座相连，白雪皑皑，傲立于天地之间，气势磅礴，秀丽挺拔，玲珑剔透。在蓝天白云的映衬下，好似一条银色的玉龙在云间飞舞，故名"玉龙雪山"。

「玉龙雪山主峰扇子陡峰」

> 玉龙雪山以险、奇、美、秀著称。清代纳西族学者木正源曾形象地归纳出玉龙十二景：三春烟笼、六月云带、晓前曙色、暝后夕阳、晴霞五色、夜月双辉、绿雪奇峰、银灯炫焰、玉湖倒影、龙早生云、金水璧流、白泉玉液。

这十二景生动地描述了不同时节、不同天气、不同地点的玉龙风光。她不仅拥有这形态各异的十二景，不同时节、不同天气可以看到不同的美景：阴天可以看到疾云如怒潮一般翻滚着可怕的浪花，它们乘风而去，流荡于山岩之中，云蒸雾涌，玉龙在此间乍隐乍现，似犹抱琵琶半遮面的美女，也像是想同游人玩捉迷藏的调皮孩子；晴朗的时候，眼前所见都是碧天如水、万里无云的景色，群峰仿佛被王母所赐的玉液刷洗过一番，闪耀

「云雾中的玉龙雪山」

你从雪山走来

着晶莹的银光，光彩照人。

即使是在同一天，玉龙雪山的景色也变幻无穷。凌晨破晓之前，玉龙雪山正在迎接曙光的到来，面对黎明前的黑暗，随着一丝亮光慢慢出现，直到整个峰顶渐染晨曦，朝霞遇上雪峰，雪峰在朝霞的映照下仿佛恋爱中的少女一般娇羞，纷纷呈绯红状，与霞光掩映闪烁，相互辉映；每当夕阳西下，余辉散落山顶，雪峰如同一位披着红纱的少女，亭亭玉立，娇艳无比。天边的云彩也渲染上晚霞的奇彩，"淡妆浓抹总相宜"是最好的形容词；夜晚来临之际，皓月与星芒争辉，月光轻抚山顶，玉龙雪山好像也到了困倦的时候，只见她好像害羞了一般躲进白雪做的纱帐中，慢慢地进入甜蜜的梦乡……雪山的景色被分为两部分，山上与山麓处的景色截然不同，就好像披上了一件白纱，上面是皑皑白雪的美景，下面是翠峰欲滴的奇观。

玉龙雪山内分布着甘海子、云杉坪、白水河、蓝月谷、冰塔林等景点。甘海子是玉龙雪山东面的一个草甸，视野开阔，全长约4千米，海拔在2900米左右。每当春暖花开，万物复苏之际，当地的牧民就会赶着自家的牛群和羊群来这里放牧。站在这里，可以将玉龙雪山的最佳景色一览无余。

「甘海子」

云杉坪是玉龙雪山东面的另一处林间草场，占地0.5平方千米左右，海拔3000米。这里古树参天，植被丛生，青苔满布，郁郁葱葱，呈现出一派未经人工雕琢的原始丛林。这里被当地纳西人称为"吾鲁游翠阁"，意为殉情之地，传说从这里可通往"玉龙第三国"。据《东巴经》记载，"玉龙第三国"是"有穿不完的绫罗绸缎，吃不完的鲜果珍品，喝不完的美酒甜奶，用不完的金沙银团，火红斑虎当乘骑，银角花鹿来耕耘，宽耳狐狸做猎犬，花尾锦鸡来报晓"的一

「云杉坪一角」

长江文明之旅·名山奇峡

「白水河」

片世外桃源。白水河位于玉龙雪山的东北坡附近，这里河水清澈，清可见底。河边绿树成荫，繁花似锦。由于平坦的河床和台地都由雪白的石灰岩和大理石组成，由此得名"白水河"。白底、绿树、红花，分外和谐。白水河所在的小山谷称为"蓝月谷"，是因为河水的颜色在白底的映衬下显得格外湛蓝，整个山谷又呈现出月芽儿的形状，因此又名"蓝月谷"。

玉龙雪山除了蕴含冰魄雪魂般的空灵美景外，更是动植物的游乐王国。这里生态物种类型多样，是整个横断山脉中动植物生长最集中、品种最齐全的地段，被誉为"天然高山动植物园"和"现代冰川博物馆"。经过岁月洗礼的雪山林海与高山湖泊间是珍禽异兽、

「蓝月谷」

名花异草与矿藏药材的理想栖息之所：按不同的海拔和气候分层次分布着20多种森林群落，植物6000多种，其中用材木40种、花卉1000余种、药材800余种，有"一屁股坐倒三棵药"的说法。

玉龙雪山也是一座拥有茂密的森林和药材的宝库：这里有着复杂的地形地貌和特殊的气候环境，为植物的多样化提供了有利的生存环境。沿着山麓至山顶，随着海拔升高，从温带到寒带的多种植物都能够在这里看到，这里植被丰富，林木苍郁：以松树为例，从上到下，分布着冷杉、红杉、云杉，还有特有的云南松等。其他国家一级保护的珍稀树种在这里也可观赏，比如丽江云

「生机盎然的玉龙雪山」

你从雪山走来

杉、丽江榆树等，每到春夏时节，漫步其间，可以饱览娴幽雅静的宜人景观。山上可见各种名贵药材，有冬虫夏草、株子参、贝母、茯苓、雪莲、麻黄、三分三、木香等，其中更有玉龙雪山的特产，洁白如雪、形似白菊花瓣的雪茶，醒脑安神、清热生津，对咽喉肿痛、口腔溃疡有奇效。

玉龙雪山是当地各民族心目中最为神圣的一座山。当地的少数民族纳西族人认为玉龙雪山就是她们崇拜的保护神"三朵"神的化身，至今丽江每年都会举行一场盛大祭祀节日"三朵节"。关于三朵节，纳西族流传着一个传说：玉龙雪山和香格里拉的哈巴雪山本是一对双胞胎兄弟，他们家庭贫困，生活拮据，只能靠从金沙江里淘金才能勉强度日。突然有一天，从北方来了一个恶魔，它爱好黄金，便抢占了盛产黄金的金沙江，不允许人们侵犯它的领土。玉龙与哈巴兄弟孔武有力，便代表当地的百姓与魔王决斗。由于体力不支没能斗过恶魔，反而被魔王砍下了脑袋，哥哥发誓要为弟弟报仇，与魔王鏖战许久。玉龙哥哥在与魔王后续的斗争中仿佛得到了神仙的助力，一连砍缺了十三把宝剑，没有一丝筋疲力尽的样子，最后终于将魔王赶走。后来，玉龙哥哥为了防止魔王在他逝去后再度归来坑害百姓，便日夜高举之前的十三把宝剑，最终和十三把宝剑一起化成了玉龙雪山的十三座雪峰，守护当地的百姓，魔王再也没有来过。而哈巴弟弟也变成了无头的哈巴雪山，与哥哥一起守护这片神秘的领土。玉龙雪山象征的是纳西族人民敢于和黑暗势力抗争的勇气，是正义的象征。

玉龙雪山宛若晶莹的玉石一般好看，吸引了不少名人驻足。元朝诗人李京曾感叹："丽江雪山天下绝，积玉堆琼几千叠。"《徐霞客游记》中也曾赞叹过玉龙雪山的巍峨："见玉龙独挂山前，荡漾众壑，领挈诸胜。"徐霞客本人更是与当地著名的纳西族土司木生白在山间明月和万年积雪的辉光中谈诗论文，夜话人生；明朝丽江的第八代土知府木公也写下了《题雪山》一首来感叹玉龙雪山的气势："郡北无双岳，南滇第一峰。四时光皎洁，万古势龙从。绝顶星河转，危巅日月通。寒威千里望，玉立雪山崇。"20世纪40年代，以拥有大学问而又不乏赤子性情著称的中国哲学家第一人金岳霖慕名去丽江，一见到玉龙雪山，他便一骨碌从马背上翻滚而下，面对着白雪皑皑的山峰如小孩般欢呼雀跃，兴奋异常；外国友人美籍奥地利植物学家、地理学家和人类学家约瑟夫·洛克曾经在玉龙雪山的玉湖村居住长达27年之久，正是因为怀抱有对玉龙雪山念念不忘的深情，直至生命走到尽头之际，他还向友人倾诉："与其孤单地死在这冷清的病床上，我更情愿回到那美丽的群山与鲜花之中长眠！"

峨眉山月照秦川

> 峨眉山位于四川盆地的西南部，耸立在大渡河和青衣江之间。峨眉山是中国佛教四大名山之一，是普贤菩萨演教的道场。峨眉山的整个景区面积达154平方千米，峨眉山整个景区包括大峨、二峨、三峨、四峨四座大山，地势峻险陡峭，山势逶迤壮阔，大峨山是峨眉山的主山，最高峰万佛顶海拔3099米。虽然海拔高耸，但有着青翠欲滴、重峦叠嶂的美景，恰如古诗文中描写美人"蠕首蛾眉，巧笑倩兮，美目盼兮"一般端庄秀美，故名"峨眉山"。

关于"秀甲天下"的峨眉山形成的原因有这样一个传说。很久很久以前，峨眉山还没有如今的规模，只是一块方圆百余里的巨石，巨石虽然高大，但是上面寸草不生，显得十分突兀。为了一起建设美好的家园，一个聪明能干的石匠同他的妻子决心用他们的双手对巨石进行改造，准备将她打凿成一座风景秀丽的青山。他们的愿望和决心打动了天上的神仙。

「峨眉山」

于是，在神仙的帮助下，石匠首先对巨石进行凿刻，一改之前毫无起伏的巨石模样，石匠刻出了起伏的山峦和幽深的峡谷；他的妻子将自己心爱的彩帕抛向天空，只见那彩帕落在山顶，慢慢地开始装饰山峦，出现了翠

你从雪山走来

「金顶金佛」

绿的树林、绽放的百花、飞流而下的瀑布……一座座青山起舞，一道道绿水欢歌。因为这座青山像石匠妻子的眉毛一样秀美，所以人们把这座青山叫做"峨眉山"。

峨眉山层峦叠嶂、姿态万千，素有"一山有四季，十里不同天"的奇观。有清代诗人谭钟岳总结的"金顶祥光"、"象池月夜"、"九老仙府"等"峨眉十景"，也有现代人归纳的峨眉新十景：金顶金佛、万佛朝宗、小平情缘、清音平湖、幽谷灵猴、第一山亭、摩崖石刻、秀甲瀑布、迎宾滩、名山起点。进入山中，只见重峦叠嶂，古木参天。走走停停，有时仿佛走到山的尽头，突然发现峰回路转，云断桥连。走到林间深处，斑驳的阳光泼洒于石缝深处，涧深谷幽，天光一线，聆听鸟雀鸣唱。彩蝶翩翩起舞，成双入

「万佛朝宗」

对，好不快活。偶尔还可以看到灵猴在山路沿途嬉戏，结队向游人讨要零食。有山有水，方为佳景，只见万壑深处，泉水飞流，水声潺潺。

峨眉山山区多雨、日照少的天气条件使这里云雾较多，峨眉山山顶常年阴雨霏霏，云雾缭绕。弥漫在山涧的云雾与婀娜多姿的峨眉山相得益彰，赏心悦目。

普陀山四季景色各有不同。春季万物发芽，初生萌动，郁郁葱葱，到处充满了生机与活力；夏季百花齐放，草地与山地间姹紫嫣红，耳听蝉鸣，看着山涧泉水漫漫，别有一番凉意袭上心头；秋季红叶漫山，三五好友，走在山林深处，饱览五彩缤纷之景；冬季银装素裹，白雪皑皑，仿佛走进了冰雪世界的童话王国。

峨眉山的金顶是峨眉山景点的象征。登临金顶，极目远眺，空阔寂

寥，视野宽阔无比，百里之内的景色可以尽收眼底。北瞰川西平原，百里平川，如铺锦绣，渺渺茫茫；南望大小凉山与万佛顶，只见云涛茫茫，气势万千，莽莽苍苍；西眺皑皑雪峰，横亘天际；东顾乐山古镇，看三江环绕，不禁生出"一览众山小"之感……在这里可以看到日出、云海、佛光、圣灯四大奇观，令人心旷神怡，感叹大自然的鬼斧神工。清晨，启明星渐渐隐去，东方微白，随之飘起缕缕红霞。空旷的天幕上突现一点橙红，慢慢地变成一条线、半圆，最后一轮圆圆的红日喷薄而出，金光四射。旭日东升，朝霞满天，普照仙山，分外壮观。雨过天晴之际，站在睹光岩前望去，无垠白云飘然而至，苍茫的云海光洁白润，无边无际。风起时，云海汹涌澎湃，四处飘荡，有着"惊涛拍岸，卷起千堆雪"的架势。风静时，尖峰刺透云海，仿若大海中的座座岛屿。洁白的海面，青秀的

「峨眉宝光」

山尖，让人仿佛置身于蓬莱仙境之中。在天朗气清的午后，登上峨眉金顶，站立于睹光岩旁，阳光从身后穿透，岩石前的云雾上会出现彩虹般的光环，浮现出自己的身影。即使有着成千上万的游客，每个人也只能看到自己被光环笼罩，好像沐浴着佛光的光辉，这便是"佛光"之景，清代诗人谭钟岳曾作有一诗："非云非雾起层空，异彩奇辉迥不同。试向岩石高处望，人人都在佛光中。"此佛光也被成为"峨眉宝光"，是因为阳光照射云雾而形成的一种自然现象，沐浴于"佛光"之中对游客来说有巨大的吸引力。

圣灯是另一神秘奇观，深秋无月的金顶夜晚，舍身崖下万籁俱静，常常出现一星两点的绿色光团，不一会儿，它们便多如天上的繁星一般闪烁跳跃，又像节目中的火焰一样忽明忽灭，被称为"万盏明灯朝普贤"。

「峨眉圣灯」

峨眉山素来有"天然动植物园"、"中药材宝库"之称。这里共有3000多种植物，包括世界上稀有的珍奇树种冷杉、桢楠、珙桐等。这里还有2300多种动物，包括熊猫、羚羊、胡子蛙、岩鸽等珍贵物种。尤为引人注意的是峨眉山的精灵，嬉闹顽皮、滑稽可掬、极通人性的猴子，它们攀岩爬藤，还经常向游客索要食物，这是峨眉山的一大特色。

峨眉山雄秀多姿，奇观奇景，随处可见，不愧为天下名山。

麦积烟雨两茫茫

麦积山是长江支流白龙江途径的甘肃省名山。麦积山地处甘肃天水东南方的北道区麦积山乡南侧，北跨清渭，南临两当，是西秦岭山脉小陇山中的一座孤峰。麦积山是典型的丹霞地貌，在群山环抱、郁郁葱葱的小陇山上有一座外形奇特的山峰，远远望去，不似其

「麦积山」

他山峰或起伏不定，或直耸云霄，其外观酷似乡村的麦垛，这便是麦积山。

> 麦积山周围环境清幽，溪石相映，素有西北"小江南"之称。攀登至山顶，临空俯视山下的景色：千山万壑，山峦叠翠，烟雨朦胧，好像走进了海市蜃楼般的幻境，只见天空云海缭绕，山景蓊郁阴晦，那就是被誉为天水八景之首的"麦积烟雨"。

著名的麦积山石窟就开凿于麦积山西南面的悬崖峭壁之间。她们有的距山基二三十米，有的高达七八十米。在如此陡峻的悬崖上开凿成百上千的洞窟和佛像，可想技艺之精巧，古代劳动人民之聪慧，麦积山石窟也被国内外专家誉为"东方雕塑馆"。与敦煌莫高窟，龙门石窟、云冈石窟一起并称"中国四大石窟"。

「麦积山石窟」

据史料记载，麦积山石窟开凿于后秦时期，后期的王朝屡有修缮扩建，并完整保留至今。麦积山石窟中不同朝代的佛像有不同的特点：后秦时期的造型多显剽悍雄健；北魏以前佛像造型多骨骼清秀，长相清俊；西魏和北周时期佛像长相更显温婉淳厚、珠圆玉润；隋唐时期佛像更为丰满细腻；宋代以后的佛像造型多注重衣服纹路或表情的传达。不同时期的佛像反映的是不同时代的审美观。进入麦积山风景区后，首先映入眼帘的是依崖而雕的一组雕刻造像。中间的佛像高达15米，左右两尊菩萨侍立，喜笑颜开，表情惟妙惟肖，生动逼真，好像在欢迎游人的到来。关于这三座大佛，有一个令人悲叹的传说：相传很久以前有一家三口居住在陇南山林之中，父亲心灵手巧，会建造房屋，无论什么材料经过他的一双巧手都可以变为小猫、小狗、荷花、牡丹等工艺品。母亲也非常贤惠，动手能力也很强。夫妻只有一个独生子，聪明绝顶，通常只要看一遍制作过程就会手到擒来、举一反三。转眼间数十年过去，父母逐渐衰老，父亲告诉儿子他想开凿附近的三处山峰，建立寺院与亭台楼阁供后人观赏。后来他们通过抽签的方式，儿子开凿麦积山，母亲开凿仙人崖，父亲开凿石门。儿子历尽千辛万苦提前一天开凿好麦积山，准备休憩一会儿便去帮助父母。结果父亲来到此处发现儿子在睡觉，便以为他偷懒耍赖，一气之下失去理智杀死了自己的儿子，后来才知道错怪了他，老两口儿在痛失爱子之后悲痛欲绝。时光飞逝，后人为了纪念他们的功绩，便在麦积山的石崖修建了这三座大佛。

麦积山石窟原本是一个完整的山体，后来天水一带发生强烈地震，崖面中间部分塌毁，整个窟群便分为东崖和西崖两部分。东崖现存洞窟54个，西

「麦积山佛像」

崖现存洞窟140个。麦积山的塑像大多是泥塑或在石壁上直接作画，这是因为麦积山石质不适宜精雕细刻。麦积山塑像的主要题材包括菩萨、佛、菩萨、天王、力士等。在长达30多米的千佛廊内，有着近300尊佛塑。从0.3米的小像到高达15米的巨像，不论大小胖瘦，情态逼真，活灵活现，从人物塑像到动物形态，无不惟妙惟肖、栩栩如生。保持着各自的时代特色，系统地反映了我国泥塑艺术的发展、演变过程。行至山前，抬头仰望，可以看到崖阁、石窟、崖龛、山楼、走廊、栈道和云梯修建于悬崖之处，建筑技术高超，工程浩大，令人不禁感叹古人的聪慧与技艺的高超。

麦积山拥有灿烂的文化与悠久的历史，尤其表现在独特的传统地方文化上。在这里每年都会祭拜伏羲，举办"伏羲文化旅游节"，举行盛大的伏羲公祭大典。每年农历四月初八会召开"浴佛节"，这一天，麦积山石窟和仙人崖灵应寺等佛教圣地都会迎来成千上万的游客与信徒，祈福朝拜，场面蔚为壮观。

> 麦积山者，北跨清渭，南渐两当，五百里岗峦，麦积处其半，崛起一块石，高百万寻，望之团团，如民间积麦之状，故有此名。

落日斜晖染金佛

金佛山坐落于重庆西南的南川市境内，属大娄山东段支脉。景区总面积达1300平方千米，金佛山由金佛、柏枝、箐坝三座大山组成，拥有108座山峰。主峰风吹岭海拔高达2251米，是大娄山的最高峰。金佛山位于神秘的北纬30°附近，每当夏秋傍晚，但逢晴朗天气，落日余晖就会把金佛山的层层山峦映染得金碧辉煌，金佛山就好像变成了万道霞光笼罩着的一尊金身大佛，异常

「金碧辉煌的金佛山」

巍峨壮观，"金佛山"也因此而得名。

金佛山被誉为"东方的阿尔卑斯山"，同时享有国家5A级旅游景区、国家级自然保护区、世界自然遗产、国家级风景名胜区等共七项殊荣，是地地道道的"七项国家级桂冠"的景区，并且凭借独特的喀斯特溶岩地貌与生物物种多样性的特点被列入至世界自然遗产的名单。

> 金佛山属于典型的亚热带湿润季风气候，冬短夏长，雨热同期。时而云雾突袭，云海波涛汹涌，阴雨骤至；时而雨过天晴，云海散尽，雨停日出，洒下万丈金芒……

金佛山是天然的动植物宝库。拥有品种繁多的珍稀动植物，首先要介绍的是这里的植物品种多达5099种。"金山五绝"更是金佛山的"镇山之宝"，其中包括有"活化石"之称的银杉与野生银杏，还有野生大树茶、金佛山特有的方竹、金山杜鹃王。金佛山适宜的气候

「金佛山雪景一角」

条件与地质条件繁衍并保护了无数珍贵的生灵：金佛山的方竹不同于圆竹，呈四方形，有棱有角也不乏温润厚实。以往的文人骚客对于竹子多扬其气节，如今看到方竹，才知竹子有气节也不乏棱角，更显骨气；金佛山是国内乔木杜鹃类型数量品种最多最为集中的区域，共有杜鹃花树50多万株、44个品种。传说中的杜鹃王是金佛山的大杜鹃树，树龄达上千年之久，高达12米，胸围近4米，须三人合抱，是世界上名副其实的杜鹃花王。

金佛山历史悠久，较为完整地保持了原始自然生态。山势雄伟瑰丽，景色迷人。山中有古老的溶洞群落。峰峦绵延迤起，数十条大小山脉相偎相依。区内天然溶洞星罗棋布，溶洞雄大幽深，洞中有山、河，甚至洞中有洞，层层交错，让人不自觉有置身于迷宫之中的错觉。溶洞以位于机身睡佛肚脐上的古佛洞最为著名，古佛洞是高山天然溶洞。金佛山现在有幽

「金佛山古佛洞」

谷听泉、石崖意禅、归去来园、绝壁览胜、地质奇观五个不同的体验区。景区原始神秘，乃大自然鬼斧神工之作，清幽静谧，漫步其间，赏景、观泉、戏水可一一满足。这些体验区还是天然的氧吧，是洗肺康体的绝佳之处。

关于金佛山，还流传着许多引人入胜的传说。相传有一天，修建都江堰工程的李冰父子外出视察水况，有一条作恶多端被镇压在都江堰中的孽龙趁机冲出瓶口，它想要报复之前人类对它的行为，想用江水淹没四川地区。它飞到三峡上方，突然计上心头，想通过利用堵住夔门的方式截住江水，淹没整个蜀中地区。于是它卷下青神峰，想用山岩来堵住夔门的水，这个过程被李冰儿子二郎发现，二郎便带着自己的小伙伴金龙、金鱼追赶而至。

此时二郎面对的是无比严峻的情形，假若孽龙将青神锋拖入江中堵住夔门，那么势必会水漫金山。时不我待，二郎命令金龙和金鱼变成两座大山，让他们吐水化成河流，制造假三峡来迷惑孽龙。自己则变成金鸡高声啼叫，顿时只闻四面八

「金佛山云雾」

方的雄鸡啼叫之声。孽龙突然听到雄鸡啼叫的声音，想到自己天亮的时候法力会消失，正在他惊慌失措的时候，突然发现下面正好是"夔门"，于是马上将青神峰投入"峡口"。可是让它意想不到的是不管自己如何想去堵住江水，江水仍然毫无滞留的趋势。正在此时，忽然听到远方传来一声大吼，只见李二郎突然从空中俯冲下来与孽龙大战，并最终擒获了孽龙。为了固定被孽龙卷走的青神峰，从王母那儿讨来一对金鸡，专用于预防紧急事件的发生。另外将青神锋的一部分雕成佛像，注入法力，便成了金佛。从此金鸡与金佛开始共同守护青神锋，避免孽龙再次作孽。后人认为金佛是这里的镇江之神，便将青神峰改称为"金佛山"。

> 金佛山正是这样一块镶嵌在祖国西南部的黄金。景区以其独特的典型喀斯特台原，丰富多样的珍稀动植物，雄险怪奇的岩体造型，历时久远、发育层次清晰的古老洞宫地府，变幻莫测的气象景观和名刹古寺遗迹，从而与"峨眉山、青城山、缙云山"荣列巴蜀四大名山。

正如当代诗人孟湘游览金佛山时，诗兴大发，按照《沁园春》的格式，写有词曰：

道道霞光，座座佛岩，福地洞天。望雨风日雪，迷离幻化；水山峡谷，壮丽绵延。画壁峰屏，石林栈道，飞瀑天门景万千。更还有，那凤凰岭下，雾滚云翻。

幽深雄险奇观，惹无数疏狂下马鞍。赏画眉朱雀，稀禽争闹，南狐虎豹，珍兽嬉欢。鲤甲灵猫，猕猴冠鹿，白果人参伴杜鹃。叹不尽，这无穷锦绣，金佛南川。

梵净诱人履岳情

> 武陵主峰，生态王国；梵天净土，弥勒道场；诗意旅途，如画风光；闲适质朴，怀古幽情；云海绵绵，波涛翻滚；生命绿洲，和谐家园……

梵净山位于贵州省铜仁的印江、松桃和江口三县的交汇处，梵净山与重庆市接壤，毗邻湖南省张家界风景区。梵净山是武陵山脉主峰，有三大主峰分别为海拔2575的凤凰山，海拔2494米的老金顶（月镜山）和海拔为2336米的新金顶。梵净山屹立于黔东之域，盘桓在楚渝之间，地球的历次造山运动造就她奇特的地貌景观：大气磅礴、孤峰耸立、断崖深沟、风光逶迤。

梵净山不同于峨眉山的秀美，以山势雄伟著称。在这里，你可以看到层峦叠嶂的山峰，潺潺溪流，飞瀑一泻千里……正是因为这古老的地质结构，塑造了它千姿百态、峥嵘奇伟的山岳地貌景观。梵净山是全国著名的弥勒菩萨道场，与山西五台山、四川峨眉山、安徽九华山、浙江普陀山共称"中国第五大佛教名山"。据说弥勒菩萨通体发光，每逢傍晚都会端坐于红云金顶的莲台上看着满月东升。他身上的月光倒映在老金顶的石壁上，整

「梵净山老金顶」

座石崖也显得如水一般光洁、莹润，因为形如月下的铜镜，因此老金顶又名为"月镜山"。梵净山真正意义上的金顶就是凤凰山，俯瞰而下，可以将山中的景致一览无余。新金顶的奇特之处在于山顶的上半部分不是独峰，而是一分为二，峰与峰之间由桥相连。两座峰巅上都各建有一庙，一边供奉弥勒佛，一边供奉释迦牟尼。清晨时分，只见红云瑞气环绕四周。因此，新金顶又称为"红云金顶"。

新金顶还有一个关于弥勒佛的传说故事。相传在梵净山新金顶一分为二后，有人听到了梵音，还看见一个和尚端坐在金顶另一端，他通体发光，金灿耀目，左手执一莲花，右手指向天空。人们不知他如何登上绝顶，就在沟壑之间修建了一座天桥。可是天桥修好后，和尚却消失了。人们四处寻找，发现他又坐在另一山峰之上，而且身体逐渐变大，最终变成了一座大型的石像。人群中突然有人悟到这是弥勒佛现世，于是在其金顶端坐之处修建了弥勒殿，供奉弥勒佛，梵净山也从此成为弥勒佛的道场。

「梵净山蘑菇石」

受到数亿年风雨侵蚀的石林群也是这里的有名景观：上大下小，酷似蘑菇的蘑菇石；亭亭玉立，迎风欲动，危危

欲坠，但它仍然顽强地迎接风雨的挑战。酷似鹰嘴而得名的老鹰岩；传说玄奘西天求经成功之后，去参拜弥勒佛，不慎掉落一叠佛经从而演化成的"万卷书"；每逢皓月升空，就有一条形似鲤鱼的石林状若口衔明月之貌，相传此乃东海龙王的宠臣鲤鱼化石而成。穿梭于石林群间，攀登金顶，可以欣赏到云卷云舒的盛况，有时更觉佛光隐现，聆听梵音缭绕，仿佛来到了佛教世界一般。

梵净山的风景多为大自然的杰作，进入山间，基本上找不到人工雕琢的痕迹。山间的云雾缭绕和屋顶的青烟仿佛嬉戏玩闹一般时而相连时而分开。穿越在密密的树林中，脚下有青石铺砌的小路。林里清雅幽静，间或能听到潺潺溪流的叮咚奏乐、池塘间的蛙鸣、草丛中的蟋蟀争斗声和小鸟清脆的啼叫。

> 梵净山是西南一座具有两千多年历史的文化名山。早在春秋战国时期，梵净山就属于楚国的"黔中地"，秦朝属"黔中郡"管辖，汉代属"武陵郡"，梵净山也一直是当地少数民族崇拜的神山和圣山。《汉书·地理志》称梵净山为"三山谷"；北魏《水经注》沿称"三山谷"；唐代的《元和郡县志》改称"辰山"，唐朝政府还在梵净山西麓设立"思邛县"；宋代《太平寰宇记》称"思邛山"，因唐"思邛县"而得名，佛教于此时传入梵净山；明初，梵净山已是佛教名山，百姓更以"九龙山"、"饭甑山"、"大佛山"相称，"梵净山"之名开始于明朝年间。

梵净山植物类型多样，森林众多，春夏之际，可见葱郁茂密之景。梵净山也保留着7000万年前至200万年前的古老珍稀物种。栖息着活泼可爱、独具地方特色的黔金丝猴、珍贵的两栖动物大鲵（娃娃鱼）、毛色鲜艳的白颈长尾雉等珍稀动物以及全球仅有的"贵州紫薇"和珙桐等珍稀植物。因此，她被认为拥有亚热带最完整的生物体系，是国际生物圈的成员。

茫茫林海神农架

> 长江以北，汉江以南；历史久远，神秘莫测；巍峨磅礴，群峰竞秀；茫茫林海，万木欣荣。这里坐落着被莽莽林海围绕的奇山神农架。

神农架风景区位于湖北省的西部边区。西与重庆巫山毗邻，南临三峡，北近武当。神农架景区内多山多树，这里有6座山峰超过3000米，最高峰神农顶海拔达到3105.4米，景区平均海拔超过1000米，这对于以丘陵或平原为主的华中地区来说极为难得，因此享有"华中屋脊"的称号。

「"华中屋脊"神龙架」

神农架是世界上同纬度内陆地区中保存最为完好的一片绿洲。受到第四纪冰川作用的影响，神农架较好地保持了比较原始的自然风貌和古老珍稀的动植物种类。拥有亚热带森林生态系统的优势，神农架降水充沛，山高谷深，为各种植物生长创造了有利条件。这里植物种类繁多，达3700多种。包括素有"活化石"之称的珙桐，端正结实，开花时满枝芬芳，风吹花动；千年古树铁坚杉，粗壮嵯峨，坚似青铜，凝聚着千年的风霜；枝繁叶茂，花朵奇特，绚丽多彩的香果树；树姿婆娑的水青树；如烟似絮的绿色水杉等多种孑遗珍贵树种，它们枝繁叶茂，长势喜人。这里经年原始封闭，为各种各样的名贵中草药的生长提供了良好的条件。在高山低谷间，这里生长着当

「神农架」

归、党参、黄连、柴胡、三尖杉、半边莲、三七、天麻、贝母、灵芝等珍贵中草药。这里也有许多珍稀的野生动物，有金丝猴、华南虎、金钱豹、白鹳、白蛇、大鸨等67种珍稀野生动物。其中最有特色的当属生活在箭竹林的白鹿、白雕、白猴、白麝、白獐、白蛇、白松鼠等，是世界上罕见的白化动物的集中生活区。中国民间常将这种奇特的野生动物视为灵物，例如《白蛇传》故事中的白素贞，正是这样一条通体雪白的长蛇。

> 神农架的原始风光如诗如画，令人陶醉其中。这里有着苍茫的林海，瑰丽的景色，优美的传说，神奇的异兽。登上神农顶，云雾缭绕，千山万壑，起伏不定；流云瀑布，古树参天；奇花异草，争奇斗艳。神农架属于大巴山山脉的褶皱地带，为燕山运动所造，高山峡谷交错相间。

著名的山峰包括神农顶、老君山、中武当、送郎山、巴东垭等。登上高耸入云的神农顶，站立于山巅之上，背倚巍峨秦岭，遥望武当，波涛汹涌的万里长江与滚滚流逝的汉水从南北两侧奔驰而走。巴东垭是有名的

「神农架老君山」

避暑胜地，景区内峰奇谷秀，清晨的山顶为云雾遮掩，朝霞照映着山峰。垭底是一片幽深的峡谷，这里怪石累累，曲峰丛丛，有的盘结扭曲，有的亭亭玉立。或如朝气蓬勃的孩童，或如婀娜多姿的少女，或如行将就木的老人。光怪陆离，不可名状。老君山位于神农架主峰东北15千米处，海拔2936米。因传说上古时代，太上老君常在此炼丹而得名。每年10月至次年3月，老君山山顶皆为冰雪覆盖，银装素裹，山腰常常云雾缭绕，远远观去，恰如银须白发的老君仙翁端坐于云中。

神农架素有科学迷宫之称，除了神奇的白化动物以外，还有举世震惊的"野人"之迷。有关神农架"野人"最早的记载应该是清代杨

你从雪山走来

「神农顶」

廷烈的《房县志》,房县南临神农架林区,史载:"房山高险幽远,石洞如房,多毛人,长丈余,遍体生毛,时出啮人鸡犬,拒者必遭攫搏,以枪炮击之不能伤。"这"毛人"就是现在的野人。新中国成立后,神农架林区也有不少人见过"野人",他们对野人的描述也各式各样,还发现了野人的粪便、毛发、脚印等。然而现在仍然没有野人的照片、化石和标本,因此野人之迷有待科学家们进一步调查解开。正是因为有这样一个谜团,地球上这条中纬度地区的靓丽风景线更添几分神秘壮美的色彩。

三峡瞿塘据上游

瞿塘峡是长江三峡第一峡,也是三峡最短的一段峡谷。"夔府孤城落日斜"与"朝辞白帝彩云间"讲述了三峡第一县城奉节和历史古城白帝城的辉煌;"夔门滟滪堆"与"瞿塘险过百牢关"道出瞿塘之险峻雄奇。明代曾任夔州知府的沈庆《瞿塘上峡》一诗云:"三峡瞿塘据上游,险由天设古今留",该诗句恰好概括出瞿塘峡在三峡的地理地位及其险峻特点。

三峡瞿塘据上游

在三峡诗的长廊里，在历代骚客诗人咏瞿塘的无数诗篇中，明朝翰林博士、曾任夔州知府沈庆《瞿塘上峡》诗中的"三峡瞿塘据上游，险由天设古今留"令人叫好，因为该诗句正好概括了瞿塘峡在长江三峡中的地位及其特点。

「瞿塘峡风光」

瞿塘峡，亦作"瞿唐峡"，又名"夔峡"、"广溪峡"、"上峡"等，是长江三峡第一峡。它西起重庆市奉节白帝城，东至巫山县大溪镇，全长8千米的峡道，虽说在三峡中最狭最短，却是最雄奇壮美的画廊。瞿塘峡两岸山峰海拔达1000～1500米，属三叠系石灰岩。原来水平的沉积，受构造运动影响上升、弯曲、拱起，成为齐岳山

「瞿塘峡两岸」

背斜的一部分，背斜上部被长江横切而形成峡谷。齐岳山背斜的核部是较古老的志留系页岩和三叠系灰岩和页岩，它们隐埋在地下，仅在江边偶而出露。

> 瞿塘峡两岸绝壁相连，奇峰异石，千姿万态；涛涛江流，千军万马般地破夔门而入，隐没在云雾弥漫、形同沟壑的峡中；峡中江面枯水时仅宽150~250米，最窄处宽100余米，是三峡河段中江面最狭之处。瞿塘峡以雄奇著称。

夔府孤城落日斜

夔州治在奉节，是三峡西口的第一座县城，后又称"鱼腹"。奉节，作为历史悠久的名城，这里有刘备托孤的永安宫、世界奇观天坑地缝，历史的沿革，名人的遗踪，吸引游人从这里开始三峡的游程。

沿长江顺流而下，遥望瞿塘峡口处，有一座雉堞城垣齐全的古城，临江耸立，气象森严，这就是重庆市奉节县城。奉节县位于长江三峡库区的腹心地带，是重庆市的东大门。它位于梅溪河与长江的汇合处一、二级阶地上，北倚苍翠的矮山，南

「爆破前的奉节古城」

临波涛滚滚的江水，是长江三峡西口的历史古城。奉节城址也曾多次迁移，最后一次搬迁是在三峡二期蓄水前，现位于重庆市东北部一带。

早在新石器时期，夔州一带就有人类劳动生息了。这里，最初称为"鱼国"、"夔子国"，是古巴族人的主要聚居地之一。战国时，这里属楚国管辖；秦汉年间正式改为"鱼腹县"。三国时代的蜀汉将其改名为"永安县"；唐贞观二十三年（公元649年）更名"奉节县"，隶属夔州府，为夔州府治所在地，遂有"夔府"之称；唐宋以来，人们往往忽略了奉节的县名，而习惯称"夔州"或"夔府"。夔州城，唐以后被火烧，明代成化年间重建，城墙围长995丈，有5座城门。这些城门曾有题额：东门为"瞿塘天险"，西门为"全蜀咽喉"，大南门名"纵目"，小南门叫"观澜"，北门曰"肃威"，各有寓意诗情，犹能使人想见当年城头上的戍堞箭垛、旌旗蔽日的情景。后来，城的东、西、北三门废毁，唯有面临长江的大、小南门，仍然傲然挺立，雄踞江边。大南门是入城的主要通道，后改称"依斗门"，取杜甫"夔府孤城落日斜，每依北斗望京华"之句而得名。依斗门高出江面数百级石阶，在这里可以由纵目门观赏"众水会涪万，瞿塘争一门"的壮丽景色。

奉节县名的来历体现了封建社会人民群众对官吏"奉公守节"的愿望：古时奉节有个县令，名许友，是个见钱眼开的贪官。一天闲来无事，在县衙内东游西荡，发现大堂的西侧，有一块铺地的石板，被磨得特别光滑，他好奇地叫衙卒揭开，发现下面有一条长长的地道。许友心想，准是前任县官的藏宝窟，便独自打着宫灯进入地道，深入到百余步的地方，突然进入一个空旷的洞室，洞中央有一座万年灯，灯光恍惚，灯油快要耗尽，举目细看，原来这里是蜀汉皇帝刘备的妻子甘夫人的墓殿。许友细心寻觅有无金银珠宝，但一无所获，扫兴之余，突然发现灯座是黄金的，喜出望外，正要伸手去取，忽然飞来一张纸条，上面写着："许友、许友，无冤无仇；揭开我墓，罚你上油。"落款是汉丞相诸葛亮。许友顿时吓得浑身发抖，双手麻木，爬起来赶回家去，把平日搜刮来的钱财，拿出来买油添灯，添了一阵又一阵，谁知那油缸竟像个无底洞，怎么也添不满。许友急得没有办法，只得将他一生积累的钱财全拿出来，把全城的清油都买光了，仍然没有添满油缸。最后，许友的老婆出了个主意，把她的梳妆油也添进去，才总算添满了油缸。此时石碑上出现"奉公守节"四字，许友知道这是诸葛亮在告诫自己，于是做成匾额，悬挂于大堂之上。后人就从这"奉公守节"四字中取了头尾二字，作了"奉节"的县名。

刘备托孤的故事，最早见于西晋史学家陈寿的《三国志》。蜀汉章武二年（公元222年），刘备兵败于东吴，退守鱼腹，将鱼腹改为"永安县"。刘备在这里忧思成疾，次年春死于永安宫。刘备临死前，诸葛亮从成都赶来探病，刘备自知病危，便将国家大事和儿子刘禅托付给诸葛亮，这就是刘备托孤的来历。刘备死后，诸葛亮一心辅佐阿斗，真正做到了"鞠躬尽瘁，死而后已"。在封建社会君疑臣惧的关系中，"刘备托孤"所表现的是君臣之间的信任与忠贞，历来传为佳话。在奉节城"搬迁"后，著名旅游景点永安宫也随之搬离原址，但是对于奉节当地人来说，这段历史却永远不会被江水所掩埋。

三国的故事在奉节当地留下了颇具特色的传奇，现如今的奉节人民也在大胆开创奉节的新故事。

1999年4月30日，天坑地缝首游式在重庆市奉节县揭幕，正式接待第一批游客。各种传媒纷纷报道说：长江三峡腹地又一绝世景观撩开了神秘

「奉节天坑」

「奉节地缝」

的面纱。天坑与地缝深藏于长江南岸的崇山峻岭中,这里峡谷纵横,瀑布众多,植被完好。除了天坑地缝景区,周边还有迷宫河、龙桥河、茅草坝、九盘河等景区,具有较高的旅游价值,是旅游、度假、科考、探险的理想胜地。

水下夔门滟滪堆

欲过瞿塘峡,先闯夔门关。浩浩荡荡的长江进入瞿塘峡口,便遇到北岸赤甲山拔地而起,江南白盐山从天而落,对峙的两岸为千丈峭壁,相距仅100多米的阻隔,"两山夹抱如门阀,一穴大风从中出",仿佛是天造地设的一座锁江大门,这就是著名的三峡门户——巍峨壮观的"夔门",亦称"瞿塘关"。夔门是滔滔江水夺门争流进入三峡的口子,其险其壮,自古被视为"夔门天下雄",更是与"峨眉天下秀"、"剑门天下险"、"青城天下幽"并称为"四川四大名胜",共同成为描绘巴蜀山地最有代表性的奇峻景观。三峡水库成功蓄水后,夔门的雄风不减,只是峡感稍逊一筹,少了以前的气势磅礴。

杜甫所写"众水会涪万,瞿塘争一门",一个"争"字,活画出夔门的赫赫水势。加之在新中国成立以前有一巨礁,长约40米,宽约50米,横卧江心,锁住长江航道,这就是瞿塘峡险不可不提的地方——滟滪堆。滟滪堆横卧峡口江心,冬日出水,夏日没入水中成为暗礁,漩涡翻滚。每当冬春枯水季节,滟滪石犹如一只出水猛兽,露出

「夔门」

水面20余米，横陈江心，紧锁夔门；夏秋洪汛时期，滟滪石潜隐江底，宛似水中石牛，激起排空巨浪，漩涡千转，回水西流，涛声咆哮，声震峡谷，绘成了一幅"滟滪回澜"的磅礴壮景。新中国成立后，为了彻底根治这三峡第一险滩和通航的拦路虎，川江航道工人于1958年冬天，奋战七天七夜，随着一声巨响，千万年横卧江心的巨石被炸得粉碎，沉入了江底深渊。从此，这里航道畅通无阻，"滟滪回澜"也已成为历史，诗人陆游"不知滟滪在船底，但觉瞿塘如镜平"的梦想，终于变成了现实。2003年，三峡水库蓄水至139米，滟滪堆遗迹更是难以寻踪。

「滟滪堆老照片」

古人曾感叹"瞿塘险过百牢关"，"此中道路古来难"。白居易曾冒险夜入瞿塘峡，他在《夜入瞿塘峡》诗中描绘歌颂了夔门雄伟险峻的气势：

> 瞿塘天下险，夜上信难哉。
> 岸似双屏合，天如匹练开。
> 逆风惊浪起，拔稳暗船来。
> 欲识愁多少，高于滟滪堆。

「夔门秋月」

夔门雄中有秀，于粗犷雄伟的景色中蕴含典雅之美。待到秋来月夜，碧空如洗，一轮皎洁的明月从峡口冉冉升起，像是赤甲、白盐二峰合捧而出，雄伟的夔门仿佛被它的银辉推开，顿时银辉洒遍峡江，峰峦朦胧，山水一色，涛声阵阵，水波粼粼，皎月青山倒映江中，如同仙境一般，使人进入了"夔门秋月"的诗情画意之中。这时，雄伟险峻的瞿塘峡变得恬静幽美，情趣横生。千载悠悠，今天夔门大开，天堑已变通途，真正是"舰机轻轻过"。

然而"夔门天下雄"的风貌却依然未变，正如郭沫若的《过瞿塘峡》所述：

> 滟滪已无堆，瞿塘仍可危。
> 岸崖双壁立，峡道九肠回。
> 云彩留军帽，江声隐雾帷。
> 若言风景异，三峡此为魁。

传说夔门有一个神秘的"黄金洞"，相传洞内埋藏着很多金银财宝。有一位夔州知府，贪得无厌，搜刮了不少民脂民膏，还想到黄金洞里去发大财。他想：此洞既名黄金洞，洞中必藏有金子。于是，他要当地一个樵夫引他找到黄金洞洞口，自己带着一群侍从进洞寻金觅宝。结果迷失其中而不得返。

黄金洞系春秋战国时代古巴国的著名遗址。新中国成立后，考古工作者攀悬岩，登绝壁，进入洞中，并未发现传说中的黄金和珠宝，但见洞内到处都是杂乱无章的古代兵器，家用器皿，以及相互枕藉的骸骨。岩壁上红色的象形文字，图像、线条清晰可见，象形文字表明，巴国人在一次战争失败后，扶老携幼合族逃入洞中，走到江边洞口，发现是一条绝路，便用赭石写下了他们的不幸，以传后人，然后全体在洞中殉难。黄金洞遂成一国之墓。从此，这个民族（巴族）的神秘命运便不再有人知道了，几成千古不解之谜。

后来，考古工作者为了进一步解开古巴国的秘密，又在奉节县水桶岭找到了黄金洞的另一面出口，即当年巴国人的入洞口。往事越千年，巴国春秋已成历史遗迹。现今，黄金洞内文物多数收藏于白帝城文物展览馆，是研究古代巴人历史的宝贵资料。

夔门作为浩浩荡荡的长江在瞿塘峡的开端，坐船游览其间，既可以感知长江的波涛汹涌，又可以欣赏两岸仿若画廊一般绵延弯曲的景色，仿若在画廊中漫步一般。

瞿塘险过百牢关

> 瞿塘峡以雄伟壮丽著称，但其雄其险却最为人们所称道。在这段三峡之中最短最狭的峡谷中，"险由天设古今留"——言其险的天造地设；"瞿塘险过百牢关"——言其险的程度之甚。感受瞿塘之险之雄，请看"断江绝流铁锁关"、"赤甲、白盐俱刺天"、"绝壁凌空话栈道"……

进入瞿塘峡口后，过白帝城，侧目北望，草堂河与长江汇合处，白帝山东侧的岩石延伸至江边，这是一倾斜岩层组成的岩，险峻的礁石上，巍然屹立着两根直径40厘米、高6尺4寸的铁柱。这就是古时铁锁雄关的遗迹。

夔门是古时进出四川的水上交通要道，也是江防的要塞，在这里设置拦江铁锁，最的目的是为了防御外敌侵入，来一度成为吮吸民脂民膏的关卡。据《资治通鉴》卷265的记载，唐天祐元年（公元904年），蜀守将张武"作铁链，绝江中流，立栅于两端，谓之'锁峡'"。20年后，割据荆南的南平王高季昌欲取施州（今湖北恩施），因张武铁锁

「铁锁关」

断江路而遁去。南宋夔州守将徐宗武在南岸凿石穿孔，在北岸立二铁柱，柱高6尺4寸，横拦江铁链7条，链长277丈，用来锁江，以防元兵。这就是我们今天所见到的江边铁柱，铁柱所在的草堂河，又被人们称作"铁柱溪"。徐宗武设置的这些锁江铁柱，丞相贾似道还专门为铁锁夔门颁有告示，刻于铁柱溪的岩壁上。锁江铁柱现已搬迁至白盐山山上，石孔、碑刻和铁柱

一样，遗迹尚存。

又据史籍记载，早在公元619年以前，古人就建有瞿塘浮桥，这当是长江三峡上最早的"长江大桥"了。因为有了断江铁索和浮桥，要想从水上飞渡这道"锁峡"，真比登天还难！北宋初年，在统一全国的战争中，太祖赵匡胤指着地图对率军平蜀的大将刘光义、曹彬说："我军逆流行进到此，切不可以舰到进攻。"刘光义、曹彬谨记这一指示，在离铁索、浮桥还有30里处，便舍舟登陆强攻，直到夺取了浮桥，才重新登船而上，攻占夔门这一兵家必争之地，为平蜀战役的胜利揭开了序幕。到了元朝末年，割据川东的夏王明玉珍，为了确保夔门不失，除了有拦江铁索外，还在瞿塘峡口，北倚羊角口，南靠南城寨，凿壁牵绳，建筑了一座永久性的悬空飞桥。桥上铺设木板，桥头又安放了大炮。这一悬空飞桥比从前的浮桥更加进步，不管江中洪流如何汹涌，飞桥丝毫不受影响。故而，有的学者认为，白盐山崖壁上的所谓"孟良梯"的石孔，很可能就是这座亘古未有的飞桥的遗迹。

「遥遥相对的赤甲山与白盐山」

瞿塘峡另一险要之处是夹江而峙、犹如天设的两扇大门，屏障夔州的赤甲、白盐两山。

瞿塘峡口的北岸，白帝城的东侧，鬼斧神工造就了一座石灰岩质、高1400米的赤甲山，山石赭口红，不生树木，如人祖胸披甲屹立，山名由此而出。山形似一只红艳艳的桃子，故又有"桃子山"之称。晴空日丽，艳阳映照，山峰如红妆艳抹，正如古诗赞叹的："晴辉相辉映，解甲挂山陬"。"赤甲晴辉"素为瞿塘峡的一大胜景。实际上，这一胜景的形成有其特殊的地质地理成因。由于齐岳山背斜顶部石灰岩中铁质含量较高，经过长期雨水淋滤风化成为氧化铁，附在岩石表面，变成赭红色，岩层重叠，堆如鳞甲，很像披甲的武士，故名"赤甲山"。每当朝阳映照之时，山峦泛赤，分外妖饶。

"赤甲白盐俱刺天，闾阎缭绕接山巅"。屹立在江南岸的是高1415

米的白盐山。这里的石灰岩质地较纯,被地下水溶出的碳酸钙,贴附在黑色岩层风化面上呈白色,在阳光照射下,银辉闪烁,故名白盐山。白盐山"仿佛盐堆万仞岗",与赤甲山相辉映,红白分明,更添异彩。这即是有名的"白盐曙色",又为瞿塘峡增添了一层瑰丽的色彩。

> 赤甲与白盐两座峰峦,隔江相望,近在百米,一个红装,一个素裹,不但使雄壮的夔门增添了英武的风采,而且还形成了不少自然和人文的景观,如粉壁墙、圣姥泉、余公洞等,让游人可以大饱眼福。

古人说峡,瞿塘峡的山雄水险尽诉笔端。郦道元笔下的"两岸连山,略无阙处,重岩叠嶂,隐天蔽日,若非亭午夜分,不见曦月",正是瞿塘两岸包括赤甲、白盐两山在内山的如实写照。陆游《入蜀记》也说:"入瞿塘峡,两壁对耸,上入霄汉,其平如削成。仰视天,如匹练。"从水情上看,"瞿塘嘈嘈急如弦,洄流溯逆将复船","高江急峡雷霆斗,翠木苍藤日月昏",狮吼雷鸣,震耳眩目。正是这雄山险水,才造化出"瞿塘险过百牢关"。

古语云:"蜀道难,难于上青天!"而古代三峡的交通,几乎全靠水路。每遇洪水,浪大流急,船只停航,行旅断绝。可是,今天船行峡中,船过草堂河口,就可望见北岸的一段古栈道遗迹。栈道,又称"阁道"、"栈阁"、"复道",一般是指在山间石壁上凿孔架桥连接阁亭的山道,多见于今川、陕、甘、滇诸省境内,是古代我国西南地区的重要交通要道。

铺设栈道的一般方法是:凿出石孔,石孔呈方形,长宽各数寸,深数寸至一两尺不等。每孔间距数尺,楔入横木,铺设木板,即为栈道。栈道途中有较宽阔平坦处,每隔相当里程筑一阁亭,供行人歇息。我国栈道历

「三峡栈道」

史悠久，战国时代已有修筑。《战国策·秦策》载："栈道千里，通于蜀汉。"《汉书·张良传》记载了张良替刘邦出谋划策，入蜀时烧绝栈道以迷惑和麻痹项羽，以致项羽误认为自己可以高枕无忧，后来韩信却"明修栈道，暗渡陈仓"，出奇制胜，利用栈道作了一篇绝妙文章。历史上栈道遍布川、陕、甘、滇诸省。

现存三峡栈道主要在瞿塘段，该段从白帝城草堂河口东岸起，至巫山县大溪对岸的状元堆止，长约10千米，于清光绪十四年（公元1888年）动工修建，历时4年之久才告完成。与此同时，从巫山县城对岸的南陵起，到今重庆市、湖北省交界处的青莲溪止，长30余千米，纵贯整个巫峡的栈道，也于光绪十五年（公元1889年）动工。三峡的栈道包括道路、石桥、铁链、石栏，宽两三米，高出江面数十米。据志书记载，当年的栈道上，纤夫与轿工可以并行，据说就是夔州府官的八人大轿也能通过。现在，古栈道上已经没有铁链，石栏也残缺不全，走在栈道上，头顶是悬崖欲坠，脚下是汹涌的江涛，奇险可畏，令人触目惊心。

三峡栈道与川、陕、甘、滇其他栈道不同，它大部分是在绝壁上开凿的，途中间或有石桥跨过沟壑，坦坡极少，工程之艰巨非常人所能想象。为纪念这项巨大工程及其修建者，当年施工时，便在瞿塘峡中江北岸的风箱峡岩壁上镂刻下了"天梯津隶"、"开辟奇功"八个醒目大字。这并不是古人的自吹，因为这些栈道真正称得上是"天梯津隶"，而它的建设者则的确"开辟"了绝壁上的"奇功"。在三峡水库蓄水后，栈道逐渐被上涨的江水所淹没，现仅可在海拔最高处见到少许栈道遗迹。

朝辞白帝彩云间

白帝城是三峡的著名游览胜地，2006年三峡水库三期蓄水成功后，白帝城成为了一座天然小岛。"朝辞白帝"之前，游白帝古城，谒白帝古庙，临观音洞和镇江王庙，观古代战争遗迹偷水孔，寻少陵秋兴、太白朝云，给游人三峡之旅一个美丽的开端。

船过奉节，顺流而下，遥望瞿塘峡口，但见长江北岸高耸的白帝山头上，碧瓦红墙，飞檐楼阁，掩映在郁郁葱葱的绿树丛中。白帝城三面环水，一面靠山，背依高峡，前临长江，这特殊的地理环境，使它显得分外雄壮！古诗曾做过这样的描绘："突兀危城瞰大江，万波浮动势茫茫"，"西控巴渝收万壑，东连荆楚压群山"。待到下得船来，沿白帝山脚登上山巅，举头西看，滚滚大江似一条彩带自西天飘荡

「白帝城」

而下，如古诗所吟"千江一线虎须口"，果真名不虚传。回眸东顾，瞿塘胜景尽收眼底；翘首仰观，白帝城殿门横楣上，郭沫若亲笔题写的"白帝城"三个斗大金字苍劲遒挺。白帝城犹如一颗在红绿丛中闪闪发光的明珠，牵动着游人的心。

白帝城的历史迄今已有1900多年。西汉末年王莽篡汉时，有一个叫公孙述的人，割据四川自立为蜀王，初建都于成都，后迁都至鱼腹县。公孙述发现鱼腹这一带形势险要，就派人在此屯积兵马，积粮草，加固城防，牢守这一蜀东的咽喉重镇。公孙述想当皇帝，命其心腹，搜寻吉兆祥瑞，为他制造舆论。不久，果然有人来报：城中白鹤井内，近来常有白气腾空，这是"白龙献瑞"，是要出新皇帝的吉兆。于是，公孙述就以"白"为标记，公元25年，公孙述自称"白帝"，将白龙献瑞的这座城池命名为"白帝城"，并将白帝城所在的山取名"白帝山"。汉代所建的白帝古城，至今还有城垣遗址残迹隐现，少数地段还保存完整，是我国保存较好的汉城遗址之一。

白帝城文士题咏亦多。如李白、杜甫、刘禹锡、陈子昂、苏轼、黄庭坚、陆游、范成大、杨慎、王士祯等都曾慕名来游，留下足迹，写下许多动人的诗

「白帝庙」

篇,故白帝城亦有"诗城"之誉。流传最广的是李白《早发白帝城》诗。由于白帝城东靠高山,面临深切的江谷,每当清晨、傍晚或雨后初晴之时,常有白云飘浮,特别是枯水季节,从船上仰望,白帝城犹如高悬在彩云之中,《早发白帝城》首句"彩云间"三字,既是描写白帝城地势高耸云霄,也是写其早晨瑰丽的自然景色。

三国以后,白帝庙的内涵发生了质的变化,特别是明代以来,形成了"白帝庙内无白帝"、"白帝庙祭刘先帝"的格局。公元222年8月,刘备伐吴失败,退师奉节,派兵把守白帝城的前哨阵地。刘备托孤永安宫,由于白帝城名声远

「白帝托孤」

噪,人们传来传去变成了"白帝托孤"。1984年,白帝庙文管所邀请雕塑家赵树同,在庙内前殿塑造反映"刘备托孤"历史故事的彩塑群像,这便是"托孤堂",使这幕家喻户晓、发生在1700多年前的历史悲剧,今天又栩栩如生地重现在游人面前。这样,刘备当年托孤的永安宫早已荡然无存,白帝庙前殿倒成了游人心目中的永安宫。

三峡水库蓄水成功后,水位抬升。白帝城也变成四面环水的湖中孤岛,湖光山色,风光迷人。

三峡风景此为异

瞿塘峡每一处都存在着风景特异的自然或人文景观。"若言风景异,三峡此为魁"诉说着瞿塘峡独特的风景线:粉壁石刻、孟良梯与倒吊和尚、圣姥泉和凤凰饮泉、犀牛望月、风箱峡里"风箱迷"和大溪古文化遗址等景观。所有这些景观挤满了瞿塘两岸,令游人目不暇接。

三峡瞿塘据上游

[粉壁石刻一角]

粉壁石刻，紧挨着瞿塘峡西口的内侧，即夔门外长江南岸白盐山陡岩上的题刻石壁，因石壁略呈斑白色和宋代摩崖时刷过灰粉而得名。

粉壁墙上的题刻，自宋迄今，展示了我国书法、石刻艺术的高超水平，书者的音容笑貌跃然壁上。船过峡口，人们首先看到的"夔门"、"瞿塘"两组大字，"夔门"二字富有汉隶特色，兼含魏碑笔意，系清人刘心源所书；"瞿塘"二字笔峰遒劲，于圆熟中见秀润，为清人张伯翔所书。题刻中字体最大的要数中华民国孙元良的隶字"夔门天下雄，舰机轻轻过"和李浩端的篆字，每个字方三尺余。字体最小的有南宋书法家赵公硕书写的《皇宋中兴圣德颂》，字体清秀、端凝，笔力雄健。

抗日战争期间，著名爱国将领冯玉祥先生面对半壁江山落入日寇之手，在此题刻二则，其一曰："踏出夔巫，打走倭寇。"读此题刻，眼望夔门，祖国山河不容侵犯之感，油然而生。2002年1月20日，就在奉节炸响三峡"清库第一爆"的当天，瞿塘摩崖题刻搬迁保护的第一锯，拉在了民国时期马林题写的一首七律诗题刻上。冯玉祥所题"踏出夔巫，打走倭寇"等8幅石刻虽然进行了翻模复制、人工刻石及拓片等，但原始石刻已被三峡水库淹没。为了尽量保护这些珍贵的摩崖石刻，有关部门决定给这些石刻加装钢网，减少淹没后江水激荡的侵蚀损伤。也许有一天我们会将它们从水下"请出"。

整个搬迁完成后，瞿塘峡口下游绝壁上，出现一片长达190米的古代人文历史胜迹。这一人类文物保护搬迁史上的大壮举，除了完整记录下文化原始信息外，还给子孙后代记录下父辈们为传承文化所作的努力与牺牲。

过白盐山东行约一里许，在长江南岸的绝壁上依稀可见许多人工开凿的方形石孔，这便是孟良梯。它们约有碗口大小，一个接着一个，整整齐齐地排列成"之"字形，自岩脚斜向山腰，形如阶梯。

关于它，有一段神奇的传说。相传，北宋著名的武将杨令公杨继业被奸臣潘仁美陷害，战死李陵碑，其尸骨就埋在那里。潘仁美又悄悄地把老令公的遗骨从千里迢迢的雁门关外转移到白盐山巅的"望乡台"上，还派了个恶和尚来看守，满以为杨家将从此再也找不到其踪迹了。可是，这件事

「孟良梯」

被杨家将中忠勇耿直的孟良打听到了，他奉元帅杨六郎之令前来盗尸。守尸的和尚对他说："你如果在天亮之前搭好梯子上来，我就让你把老令公的尸骨带走。"眼看成功之际，存心破坏的和尚伏在崖顶上一看，心里慌了。他的眼珠咕噜噜一转，想出了一条诡计，连忙憋着嗓子学了几声公鸡叫。孟良在半崖上听到鸡叫，以为天快亮了，觉得自己已经没有成功的希望，就停了工，不再往上凿石孔。这些半途而止的石孔便被称作"孟良梯"。后来，孟良得知真相，抓住了那个恶和尚，将他倒挂在石孔旁边的绝壁上。孟良梯稍东的绝壁上有一块略微突出的奇石，很像倒悬的光头赤足和尚，即人们所说的"倒吊和尚"。其实，这"倒吊和尚"不过是倒挂在悬崖上的一条人形钟乳石罢了，并非捣蛋和尚的石头化身，而是大自然雕塑家的一件杰作。据考证，杨继业是宋太宗雍熙三年（公元986年）于山西朔县陈家坡抗辽战争中战死的，

「倒吊和尚」

尸体是不可能埋到夔峡的"望乡台"。"孟良梯"的故事只不过是后人对抗敌民族英雄的怀念与景仰。现在"孟良梯"与"倒吊和尚"已经被江水所淹。

峡中多泉。有一种泉因其泉流时出时停而名为"间歇泉"。瞿塘峡中

的间歇泉，以南岸的"凤凰饮泉"与北岸的"圣姥泉"最为闻名。

在南岸粉壁墙以东的孟良梯下，有一巨大钟乳石，长20多米，圆径6米左右，从悬崖直垂地面，形状颇似凤凰。上披密集的水麻柳树、藤萝和苔藓，极像凤凰丰满美丽的羽毛，凤头引颈上翘至半山岩壁，上有一股清泉喷出，恰巧顺着"凤凰"长长的脖颈缓缓流下。

「凤凰饮泉」

人们把自然界这一妙景称为"凤凰饮泉"。每到春天，这只饮泉的凤凰就显得格外美丽，苍翠的藤萝和斑斓的野花组成华丽的外衣，淙淙泉声犹如它悠扬的鸣叫，时而飞来几只彩蝶翩翩飞舞，又像是百鸟朝凤，煞是好看。过往游人看了，莫不叫绝。现如今，三峡水库蓄水已使凤凰泉成为水中生灵。

相传赤甲山上有一眼"圣姥泉"，说是天上的圣姥在这里布施"圣水"。从这里路过的人走得口干舌燥时，只要对"圣姥泉"呼一声"圣姥圣姥，口渴了"，泉水立刻汩汩流出；行人喝够了，泉水没有了，泉眼也随之干涸。清洌甘甜的泉水，给栈道上拉纤的纤夫和过往旅客解暑止渴。当然不会有什么圣姥施水，那是大自然中的一种间歇泉。可惜的是，现在"圣姥泉"已经被三峡水库所淹没。

长江南岸，盔甲洞以东山顶，有一突兀昂立的巨石，孤峰直刺云天，形似一头巨大的犀牛侧头西望，好像永远也欣赏不尽"夔门秋月"的胜景，人们称它为"犀牛望月"。据有经验的三峡人讲，观赏"犀牛望月"的最佳点在出瞿塘峡东口不远处，从那里回首西望，孤石兀立，形似犀牛在遥望天际的一轮明月。若值明月东升，烟云弥漫之际，于扑朔迷离、若明若暗之中，景与境极为协调。又有人说，望月的"犀牛"不在山上，而在近旁的黑石滩上。这里江边有一怪石露出水面，像是一个黑黝黝的犀牛脑袋，它翘首望天，作欣赏峡中月色状。

风箱峡是瞿塘峡中的子峡段，这段黄褐色石壁山岩上，有几条断岩裂

「风箱峡」

缝,这些裂隙宽窄不同,深浅各异。在裂隙里面,有物酷似风箱,传说那是鲁班存放的风箱,所以人们便称这段峡谷为"风箱峡"。

据传,清光绪末年,有人攀登风箱峡成功,并从上面取下一具岩藏物。此物"扣之中空,作木声"。当获得者把它拿到奉节出卖时,被县衙役发现而受拘捕,并强令将其物归于原处,以免亵渎神灵。1971年,有两个采药人合力登上"风箱"处,终于向世人揭开了"风箱"神秘的面纱,解开了"风箱"之谜。原来所谓"风箱",实为战国或秦汉时的岩棺。这次空中"发掘",共得木棺两具,内有巴式铜剑、铜斧、木剑鞘、草鞋、汉初四铢半两钱等一批珍贵文物。

瞿塘峡两岸都是石灰岩构成的,在悬崖峭壁上沿裂隙形

「三峡悬棺」

成了许多溶洞,便成了巴人岩葬的天然洞穴。今天,这些"风箱"、"铁棺",成为研究长江上、中游人类历史的宝贵资料。

「大溪文化遗址」

出瞿塘峡口,进入大宁河宽谷,只见长江南岸,有一条清澈的小溪,北流汇入长江,这就是大溪。由于该河夏季水涨时,溪水浩荡,势若大河,因而得名"大溪河";水落石出时,河水色青如黛,故又名"黛溪"。

大溪文化遗址位于大溪河口西岸的第三级台地上,南依乌云顶山麓,面对长江北岸的桃花山,襟江带溪,佳木

葱茏，颇具"小桥流水人家"的特色。风格独特的"大溪文化"遗址的发现，为研究三峡地区人类历史发展提供了可贵的实物资料。大溪文化和湖北、江浙等地的古文化遗址雄辩地证明：长江流域和黄河流域一样，同是中华民族古老文明的发祥地。大溪文化和我国其他新石器时代文化有着不可分割的联系，对研究我国古代多民族国家的形成发展和融汇交流有着重大的意义。三峡水库开始蓄水前，大溪曾两次大规模地移民，对三峡工程的建设作出了重要贡献。

美丽的大溪，古色古香，又青春洋溢。当我们来此凭吊古迹、流连山水时，不是可以倾听我们民族的足音，唤起对伟大祖国和人民的一往深情吗？

李白轻舟过三峡

唐代大诗人李白（公元701—762年），字太白，号青莲居士，有"诗仙"之称。

李白同时又是一位大旅行家，一生漫游了半个中国，行程万里。他那充满着浪漫主义和爱国主义的诗篇，是他"五岳寻仙不辞远，一生好入名山游"的真实写照。

李白一生中曾三过三峡，写下了许多歌咏三峡的诗篇，但每次过峡时的际遇不同，诗的情趣也就因时而异了。

首次出川的李白，恰是风华正茂，胸怀大志之年，因此，他首次出峡的诗，显得轻快而潇洒。"暮雨向三峡，春江绕双流"。他对三峡的向往变成了现实，诗人飞动的情思，也把人们从峨眉山带到了三峡：

> 峨眉山月半轮秋，影入平羌江水流。
> 夜发清溪向三峡，思君不见下渝州。

"桃花飞绿水，三月下瞿塘"。李白放舟，穿过瞿塘峡之后，就向巫峡疾进。船一到巫山，他就弃舟登岸，以年轻游子的凌云壮志，无畏的意志和有力的步伐，吊念古圣先贤，一直登上巫山的最高峰。他写下了《宿巫山下》：

> 昨夜巫山下，猿声梦里长。
> 桃花飞绿水，三月下瞿塘。
> 雨色风吹去，南行拂楚王。
> 高丘怀宋玉，访古一沾裳。

当一叶轻快的扁舟飞出西陵峡口之南津关，诗人看到的是"山随平野尽，江入大荒流。月下飞天镜，云生结海楼"的景象。

初游三峡，在李白的脑海里刻下了不可磨灭的印象！他在后来的漫长岁月里，一直不时地思念着三峡的江山与故人。

诗人第二次过三峡是西上进峡，与第一次过三峡时的心情、境遇，可谓是天壤之别。"安史之乱"爆发，连年战事，民不聊生。李白出于一片报国忧民之心，进入永王李璘的幕府。肃宗李亨即位后，李璘因谋反被诛。李白受到牵连，被流放到夜郎（今贵州桐梓县东）。在赴夜郎的途中，李白再过三峡，其愤懑和悲愁的心情不言而喻。舟过黄牛峡，李白写下《上三峡》：

> 巫山夹青天，巴水流若兹。
> 巴水忽可尽，青天无到时。
> 三朝上黄牛，三暮行太迟。
> 三朝又三暮，不觉鬓成丝。

此时此地，在被流放者的眼里，连壮丽的三峡风光也大为减色，只觉得舟行太迟，令人逆境难熬了！不料绝路逢生，在船抵白帝城时，李白突然遇赦。他犹如脱笼之鸟，乃决计买舟东下，折返江陵，第三次也是最后一次穿过三峡。在这三峡的起点，李白的血液里，新鲜的活力又奔腾起来，心情一下子来了个一百八十度的大转弯，写下《早发白帝城》这首千古绝唱：

> 朝辞白帝彩云间，千里江陵一日还。
> 两岸猿声啼不住，轻舟已过万重山。

历来诗评家论此诗之妙，全在一个"轻"字，使人犹见水势之急、舟行如飞。而李白如释重负，归心似箭的畅快心情，也跃然纸上。李白乘的"轻舟"虽已消失了一千多年，但他此行留下的对三峡的赞颂诗歌，至今仍在人们的心中回响。

杜甫作客夔州吟

诗仙李白留下了不少咏诵三峡的千古名篇，但是"诗圣"杜甫（公元702—770年）则是居留吟唱，特别是杜甫在夔州居住近两年，写下了占现存杜诗近三分之一的诗篇，为"诗城"、"诗峡"留下了许多脍炙人口的篇章。

唐代的夔州属山南东道，州治在瞿塘峡附近，与白帝城相连接，在今奉节县城东十余里的地方。大历元年（公元766年）四月，诗人杜甫由成都辗转来到夔州，看见这里风光秀丽，不忍离去，又得到夔州都督柏茂林的资助，就在夔州居住下来，直到大历三年（公元768年）的正月。据杜诗描述和后代诗人陆游等的记述，诗人流寓夔州时，曾几度迁移，先住在山腰上的"客堂"，后迁居城内的"西阁"和东屯"草堂"。杜甫在这里住了一年多的时间，在此期间，他将自己的创作灵感对准夔州、三峡，创作的诗篇几乎占到一生诗作的三分之一。

杜甫在西阁写下了不少状物、写景、忆旧、咏怀的诗，瞿塘峡的山水名胜地名不断地出现在他的诗中。他用这样的四句诗概括夔州的全部形势：

> 中巴之东巴东山，江水开辟流其间。
> 白帝高为三峡镇，瞿塘险过百牢关。

他写白帝城和峡中雨景：

> 白帝城中云出门，白帝城下雨翻盆。
> 高江急峡雷霆斗，翠木苍藤日月昏。

写大水时之滟滪堆，充满惨愁之气：

> 滟滪既没孤根深，西来水多愁太阴。
> 江天漠漠鸟双去，风雨时时龙一吟。

写瞿塘峡峻崖深，可谓大笔挥写：

> 三峡传何处，双崖壮此门。
> 入天犹石色，穿水忽云根。

又如：

> 西南万壑注，劲敌两崖开。
> 地与山根裂，江从月窟来。

而在《醉为马坠诸公携酒相看》一诗中，杜甫具体描述了自己与柏茂林等筵宴骑射的闲适情景：

> 甫也诸侯老宾客，罢酒酣歌拓金戟。
> 骑马忽忆少年时，散蹄迸落瞿塘石。

大历二年（公元767年）三月，杜甫迁居草堂，此前杜甫还曾在赤甲山短暂居住，"十居赤甲迁居新，两见巫山楚水春"。他登上了赤甲山山巅：

三峡瞿塘据上游

> 赤甲白盐俱刺天，闾阎繚绕接山巅。
> 枫林橘树丹青合，复道重楼锦绣悬。

从白帝城高处向北遥望，一条清溪蜿蜒南流，一直流到白帝山下，在瞿塘峡口汇入长江，这就是因杜甫草堂而得名的草堂河。从白帝街徒步，沿河滨公路北行，不到一小时就可到草堂。

杜甫在草堂居住的这段时期里，生活算是比较惬意的。住有"茅栋盖一床，清池有余花"；食有"浊醪与脱粟，在眼无咨嗟"；景有"石乱上云气，杉青延月华"。更为难得的是，在瀼西草堂周围，杜甫经营、种植着40亩果园，百余顷稻田，许多事交由仆人看管，自己交游至交，清静自放。在那"老于干戈际"的时代，能有这样好的栖身处，实在难得。

夔州的生活虽然相对安定，但杜甫并不满足于这种闲适的生活。客居异乡，国运又未见转机，思乡忧国的惆怅难以排遣。在《登高》一诗中，就充分表露了自己无法克制的哀伤：

> 风急天高猿啸哀，渚清沙白鸟飞回。
> 无边落木萧萧下，不尽长江滚滚来。
> 万里悲秋常作客，百年多病独登台。
> 艰难苦恨繁霜鬓，潦倒新停浊酒杯。

《登高》一诗，为历来诗论者所推崇。杨伦在《杜诗镜诠》中称它"高浑一气，古今独步，当为杜诗七言律第一"，胡应麟称赞它是"古今七言律第一"。

杜甫毕竟是人民的诗人，他除了把夔州、瞿塘以至三峡的"一草一木，尽入诗中"外，还写下了大量反映夔州、三峡一带的风俗和劳动人民生活的诗篇。如《负薪行》，诗人详尽地描绘了三峡妇女的悲惨命运；《最能行》则质问那些侮辱三峡男子缺德无才的偏见者，"若道士无英俊才，何得山有屈原宅？"而《又呈吴郎》一诗，今天诵读仍然亲切感人，体现诗人对穷苦邻里的哀怜和关心体贴。大历三年（公元768年）正月，杜甫为实现他五年前居梓州时"即从巴峡穿巫峡"的愿望，遂买舟东出夔门，然而，杜甫还未来得及实现他"便下襄阳向洛阳"的宿愿，就在出峡两年以后的秋冬之季，客死于湘江舟中，时年59岁。

　　一代诗圣在凄风苦雨中，在战乱和病魔的摧残下，枯槁当年，却名扬后世，为万千人所感念和追叹。

　　虽然后来也有陈子昂、白居易、刘禹锡、苏轼、黄庭坚、陆游等诗作大家来到夔州赏景作诗，但都没有达到杜甫的顶峰。

> 　　杜诗向有"诗史"之称，而他的三峡诗同样具有"诗史"特点。可以这样说，包括三峡诗在内的全部杜诗，定会与三峡的山川一样，与天地争光，与日月同辉。
>
> 　　真可谓是诗圣虽逝，诗城永在。

巴东三峡巫峡长

巫峡以幽深秀丽著称。巫山县城，风景优美，名胜古迹众多，"三台八景壮巫山"；大溪宽谷，田畴如画，可谓是"田野纵横千嶂里"；大宁河蜿蜒曲折，瑰丽多姿，"小三峡"、"小小三峡"深藏其间，素有"宁河归来不看峡"的美誉；穿行巫峡，青山连绵，群峰如屏，正所谓"巫山十二郁苍苍"。峡谷中瀑泉飞漱，江流迂回，云腾雾障，气象万千，"巫峡苍苍烟雨时"，引得无数文人墨客"行到巫山必有诗"。巫峡是三峡中最长的一峡，故《水经注》引渔者歌曰："巴东三峡巫峡长。"

巫峡，是三峡河段中最长的峡谷，从巫山城东大宁河口至湖北巴东官渡口之间，长约45千米，以幽深秀丽著称。其间，自碚石以下属湖北省境。长江之水在此切穿二叠系和三叠系石灰岩组成的一组背斜和向斜，由此把巫峡细分为金盔银甲峡（约12千米）、巫峡（28千米）和铁棺峡（4千米）三小

「巫峡风光」

段。整个巫峡两岸石灰岩层倾斜陡峻，甚至垂直竖立江岸，河道大部分与石灰岩走向平行，长江深切其中，使河谷呈"V"字形。两岸山峰海拔在1000米以上，青山连绵，群峰如屏，江水似带。由于巫峡处于巫山复背斜的轴部，厚层的三叠系石灰岩垂直节理和裂隙极为发育。长期以来，在地表水的溶蚀、侵蚀和构造大幅度抬升的相互作用影响下，许多山体已被水溶蚀或崩落，唯有裂隙切割密度较小，或充填胶结较密的部分残留着，并形成傲然挺拔的座座孤峰，构成巫峡美妙的峰林地貌，正如李白诗曰："疑是天边十二峰，飞入君家彩屏里。"

"瞿塘迤逦尽，巫峰峥嵘起"（苏轼《巫山》）。长江出瞿塘峡后，过大宁河宽谷，便进入了画廊般的巫峡。

"巴东三峡巫峡长，猿鸣三声泪沾裳"。这是我国古代地理名著《水经注》描述三峡的景物时引用的渔歌。它道出了巫峡在三峡中的地位——三峡中最长的一峡。瞿塘峡只有8千米，最短。西陵峡全长虽有114千米，但除去紧接巫峡的香溪宽谷的48千米和把西陵峡分为上下两段的庙南宽谷的31千米，上下两段的峡谷的总长也只有35千米；而巫峡却是上起重庆市巫山县大宁河口、下至湖北省巴东县官渡口的一条长达45千米的完整峡谷，故有"大峡"之称。"初唐四杰"之一的杨炯在《巫峡》中吟出了这样的诗句："三峡七百里，惟言巫峡长。"巫峡的"长"，历来为人们所称道，屡见于文人骚客的笔下。

巫峡因巫山得名，素享幽深秀丽盛名。巫山山脉山峦起伏，沟壑纵

横，高差悬殊，多深沟峡谷。巫峡峡长谷深，奇峰层叠，瀑泉飞漱，江流迂回，云腾雾障，气象万千，俨然一幅巨型山水屏画。

"巫山十二郁苍苍"，各具神韵的十二峰让你穿行巫峡有"石出疑无路，云开别有天"的奇感；"巫峡苍苍烟雨时"，那金盔银甲峡、箭穿峡、铁棺峡、门扇峡等，让你体味巫峡的幽深秀丽；还有箜篌沱、七女塘、孔明碑、边域溪、三台八景、巫山云雨……让你流连忘返，美不胜收。

「巫山云雾」

瞿塘峡与巫峡之间，有一段25千米的宽谷地带，地理学上命名为"大宁河宽谷"，也称"大溪宽谷"或"黛溪宽谷"。宽谷里，地势开阔，江流舒缓，给人的印象是"田野纵横千嶂里"，一派田园风光。

坐落在巫峡西口、大宁河宽谷中的巫山县城，位于长江与大宁河交汇处，古老而庄重，阅历人间沧桑。宋玉《高唐赋》、《神女赋》广为传诵；李白曾宿巫山脚下，"南行拂楚王"、"高丘怀宋玉"，惹得诗人"访古一沾裳"；无数墨客骚人"行到巫山必有诗"，为巫山、巫峡创造的神话故事，写下的诗文，真是车载斗量，数不胜数。

名峡、名山、名水、名胜、名人……引领我们"放舟下巫峡"！

田野纵横千嶂里

出瞿塘峡，入巫峡，首先进入大宁河宽谷地段。在三峡的第一个宽谷中，最吸引人的要数她的一派田园风光和南岸的错开峡。

瞿塘峡与巫峡之间，有一段约25千米的宽谷地带，西起重庆市巫山县大溪镇，东至大宁河口，地理学上命名为"大宁河宽谷"，人们又习惯称它为"大溪（黛溪）宽谷"。宽谷两岸地形坡度不大，土层比较深厚，气候温润，人烟集中，田畴如画，是三峡地区主要农业区之一。

乘船航行在这段航道里，只见两岸的景色与瞿塘峡迥然相异了：北岸是缓坡平顶，南岸就是悬岩峭壁；南岸是凹陷的深谷，北岸就是隆起的丘陵。一大片一大片的坡林丛中，绿树掩映，村庄星罗棋布，

「大溪宽谷」

牛羊跳进钻出，鸡群啄食庭院，鸭群嬉戏溪涧，花果漫山遍野，呈现一派田园牧歌式的山乡风光。清代有一位旅客，名叫傅家瑜，当他由瞿塘初入宽谷的时候，情思奔涌，写下一首如画的七言律诗，其第一、二联为：

> 万峰磅礴一江通，锁钥荆襄气势雄。
> 田野纵横千嶂里，人烟错杂半山中。

这一带的田园山色，随着季节变化展现出不同的风采。《三峡旅伴》一书的作者是这样描写大溪宽谷的四季田园风光的：

春天，桃花红，李花白，菜花黄，蓝色和紫色的野花也开了，五彩缤纷，争相媲美；夏天，远山近岭，抹上一片葱绿，滔滔大江，催动着万顷黄浪，绿的岿然不动，黄的一泻千里，两种力量的抗衡，给人以蓬勃向上的巨大力量；秋天，一江黄浪，削弱了奔腾的气势，两岸梯田，荡漾起一层层、一迭迭金色的谷浪，丰收的喜气，洋溢山野；冬天，经霜的红叶铺满山岩，千万株木卷籽树上，挂满了白生生的珍珠般的木卷籽儿，像千万把晶亮亮的银伞，张开在红霞里。

大溪宽谷地段，错开峡下的江流中，有几处险滩，诸如慌张背、宝子滩、下马滩。这些险滩，经过航道工

「大溪宽谷田园风光」

人的整治，已经险滩不险了。葛洲坝水利工程的兴建，又抬高了这里的水位，更使险滩变成坦途。

顺江出了瞿塘峡：当我们的耳畔还轰鸣着汹涌澎湃的怒涛声响，眼前似乎还浮动着层层叠叠的陡壁暗影时，猛然抬头一看，便会瞧见在大溪镇下游不远的长江南岸有几座相互对错、高入云端的峰峦，名叫"对错山"。其中有一条黑沉沉的峡谷，远看好像是一条又窄又深的石缝，比瞿塘峡更加险恶百倍。在这个峡谷的最远处，半山上有一个平台，上面耸立着一根犀角似的独石柱，这便是神话传说中的错开峡和锁龙柱。

「锁龙柱」

传说古时有12条蛟龙在巫峡上空张牙舞爪，追逐嬉戏，引起飓风，吹得天昏地暗，房倒屋塌，人畜死伤无数。正在这时，西王母的小女儿瑶姬驾着彩云，游经三峡，她呼唤巨雷，劈死孽龙。不料，12条混江龙的尸身化为顽石，堵住了奔腾而下的长江，使江水在四川盆地泛滥成灾。舜帝先派一个叫鲧的人来治水，他错误地采取了水来土挡、筑堤堵水的单一方法，以致灾情更为严重，鲧因而被杀。鲧的儿子禹继承父业，继续治水。禹治水采取的是疏导的方法，就在南岸几座山之间，开了一个峡口，想把洪水从这里疏导走，但匆忙中却开错了峡道，汹涌的江水不但不能畅流，反而越涨越高，后经瑶姬的帮助，重新开山劈岭，这才大功告成。从此，人们就把这里叫"错开峡"。现今的错开峡口有一巨石，便是当年的"锁龙柱"。那块坪地，即为瑶姬帮助夏禹治水锁龙斩蛟的"斩龙台"。

「巫峡三台之"斩龙台"」

神话传说和附会设想，生动地描绘了古代人民向往征服天险的美好愿望，以及长江三峡变幻莫测、难以制服的情景。

三台八景壮巫山

巫山是风景优美、名胜古迹很多的地方，正是"三台八景十二峰"勾画出了巫山风光的一斑。"曾经沧海难为水，除却巫山不是云"，元稹的这一句话流传至今，使得巫山闻名于世。巫山"三台"是：错开峡中的斩龙台，飞凤山麓的授书台、高丘山上的楚阳台。

「巫峡三台之"授书台"」

巫山"八景"分别为"南陵春晓"、"阳台暮雨"、"青溪渔钓"、"宁河晚渡"、"澄潭秋月"、"夕照晚霞"、"秀峰禅寺"和"女贞观石"。

巫山除了"三台"有"三观"，分别是：楚阳台上的高唐观、南陵山上的南陵观、巫峡入口处北岸山巅的文峰观，三足鼎立，为古时巫山有名的三大观宇。可惜，三台与三观现在遗留的景致已不多。

巫山城，位于长江北岸，山环水绕，景色秀丽。《巫山县志·城池志》说它"东带宁河，南瞰大江，西倚高唐，北包阳台山"。

巫山城东二三里，雄峙着象鼻山，因形若大象的鼻子而得名。山上有瑶华夫人祠，当地群众习称"神女庙"，早已废弃。紧挨象鼻山的，是巫峡入口处的驱熊山，又名箜篌山，其山峰"耸如文笔，关一邑文风，故名文峰"，文峰"绝顶有观，即文峰观"。

巫山的"三台"、"三观"中最有名的当数楚阳台和高唐观。楚阳台，即古阳台，又名"云阳台"，在巫山县城西北二三里的高丘山上，高百丈的台地上有一座庭院，著名的古高唐观就在院内。观宇早毁，现仅存后殿玉皇阁。访高唐观，自然让人联想到楚人、屈原弟子宋玉的名篇《高唐赋》序文中所写的巫山神女故事，现节译如下：

一次，楚襄王与宋玉登云梦台馆，远望高唐观，上有云气飘动，忽上忽下，须臾之间，变化无穷。

楚襄王问宋玉："此为何气？"答曰："是即朝云。"王问："何谓朝云？"宋玉回答："往昔楚怀王曾游览高唐，倦而昼寝。梦见一妇人说：'妾是巫山之女，为高唐之宾，闻君游高唐，愿荐枕席以同寝。'楚怀王因之与神女共寝。妇人离开时说：'妾居巫山之南，高山之巅，晨为朝云，暮为行雨，朝朝暮暮，阳台之下。'怀王晨起视之，果如其言，故为之立庙，称为朝云。"

襄王听宋玉讲罢，即命宋玉作《高唐赋》。就在宋玉纵情于《高唐赋》的这天夜里，他与神女梦遇。梦中的神女，"其象无双，其美无极"。宋玉又告诉襄王，再奉命而作《神女赋》。

自从宋玉这两篇赋问世以来，因为这个故事中有"巫山神女，愿荐枕席"和"朝云暮雨"之说，后来"云雨巫山"便成了描写男女相爱的同义语，在古代一些章回小说中甚至成了淫秽之词。倒是《汉书·艺文志》的看法值得重视，该志在注《高唐赋》篇名时说："云梦中高唐之台，此赋盖假设其事，讽谏淫惑也。"即是说宋玉假借神女的故事以讽谏楚顷襄王。

"楚王空有阳台梦，惹得骚人咏不休"。宋玉的两篇赋广为传颂，后来许多文人亦对楚阳台、高唐观及巫山神女咏唱不休。李白夜宿巫山，登高怀古，"南行拂楚王"，"高丘怀宋玉"，不禁为宋玉一掬同情与心会的泪水。

巫山"八景"反映了巫山当地具有代表性的自然景观。隔江相对的巫山，又名"南陵山"，山形状若"巫"字，放眼望去，越看越像。巍峨苍翠的南陵山，有一条盘山小路，像羊肠一样成"之"字形蜿蜒至山顶，是古代通往湖北恩施的唯一通路。陆游《入蜀记》卷六记载：

> 南陵山极高大，有路如线盘，屈至绝顶，谓之"一百八盘"，盖施州正路。黄鲁直诗云："一百八盘携手上，至今归梦绕羊肠"，即谓此也。

南陵山，古时山顶有南陵观，每逢阳春三月，这里山花烂漫，飞瀑流泉，春意盎然，景色宜人。传说，南陵山的雄鸡报晓最早，雄鸡一唱，迎来满园春光，这便是巫山"八景"中的"南陵春晓"。

唐代著名女诗人薛涛《谒巫山庙》（一说此诗作者是唐末韦庄），将自然景观与怀古之思联系起来：

> 乱猿啼处访高唐，路入烟霞草木香。
> 山色未能忘宋玉，水声犹是哭襄王。
> 朝朝夜夜阳台下，为雨为云楚国亡。
> 惆怅庙前多少柳，春来空斗画眉长。

后人还取赋中的词句作景名，如高唐观内有"阳台暮雨"景，为巫山"八景"之一。指的是楚阳台上有一石，朝有腾腾云雾，晚有晶晶露珠。后来，庙里的住持用禅杖戳了石上雕刻的龙头，从此只剩云雾，失去露珠。

宁河晚渡清澈的大宁河水，环绕巫山城，从象鼻山边静静地注入长江，每逢天气晴朗，夕阳西下之时，晚霞映照，波光粼粼。入暮，江面上浮起层层薄雾，这时驾一叶小舟，横渡宁河，别有一番情趣。清代四川巫山人干传一《宁河晚渡》诗称："千条百练照江边，无数歌声透晚烟，棹到中流真自在，浑如天上坐春船。"生动地描绘了"宁河晚渡"的诗情画意境界。

澄潭秋月大宁河东岸大江边，有一深潭，宽数丈，水清见底，中秋月夜，银光如练，潭水分外明亮。《巫山县志·艺文志》有诗云："华月光如练，潭心一样明。箜篌遥射影，弹指静无声。""箜篌遥射影"说的是城东箜篌山的文峰观，云雾中断壁残垣，隐约可见。"澄潭秋月"是一派幽静清雅的意境。

夕照晚霞《巫山县志·艺文志》有诗曰："石柱擎天起，霞光一线天。苍苍横翠黛，疑是赤城中。"这是描写县城附近江南岸柳树坪，黄昏时，光线被阻，唯有拔地而起的石柱裂缝中，霞光一线穿越，绿荫丛中，斑驳满地，这就是令人陶醉的"夕照晚霞"。

秀峰禅寺县城东北五里的五凤山上有秀峰寺，当年殿宇轩昂，香火旺盛。寺周围古木参天，烟云弥漫，鸟语啾啾。清朝康熙年间，寺中有一恶和尚，巧设机关，诱奸妇女，后被揭发，当地群众忿而捣毁寺庙，杀死了和尚，曾经香火旺盛的"秀峰禅寺"，至今只留下一堆破瓦残垣，暴露在茫茫烟雨之中。

女贞观石 县城西北四里有女观山，上有一台伫立，状若人形，名"女贞观石"，又名"望夫石"。相传古时一妇女，其夫在船上谋生，远航未归，妇女常常登山远眺，愁丝缕缕，最后化为石柱，日日夜夜凝视着滔滔江水。旧有一诗，这样记述了它的来龙去脉："化石婷婷孤岭旁，女容凄凄旧时装。何年夫去心随去，此地身亡志不亡。"《巫山县志·艺文志》有诗称赞该妇女坚贞不移："琼佩立山岗，坚贞励苦节。千秋呼不转，此心真如铁。"其实，这一突石，是石灰岩遭受水溶蚀后形成的石芽。

三台八景，或景物依旧，或留残垣断壁，令人发思古之幽情，叹世间之沧桑。至于巫山十二峰，排列于巫峡两岸，待我们倘佯在巫峡之中时，再去揭开巫山十二峰的神秘面纱。

宁河归来不看峡

美丽的大宁河这一"隐藏深山的神仙宝地"，已向中外游人撩开了她神秘的面纱：其中的"小三峡"与"小小三峡"与三峡媲美；宁河上下又有"七峡十二景"之称。

大宁河蜿蜒曲折，瑰丽多姿，两岸峰峦连绵，把河道逼得更加狭窄，形成"大峡套小峡，出峡复入峡"的奇观，自古就有"峡郡桃源"之誉。整个大宁河上有龙门峡、巴雾峡、滴翠峡、庙峡、剪刀峡、七蟒峡、野猪峡等七个峡，而位于下游的"小三峡"由龙门峡、巴雾峡、滴翠峡组成，是一段宽谷少而峡谷非常整齐的山溪性河谷，被人们誉为"天下奇峡"。峡谷深处，大宁河东岸，有支流马渡河汇入。马渡河里面也有三个峡谷，峡谷幽静，千峰竞奇，百峦叠翠，有"小小三峡"之称，游人赞之为"出峡复入峡，天下绝妙处"。有趣的是，天工竟在大宁河上复制了长江三峡的许多景点：龙门峡是大宁河上"小三峡"中最短的一

「大宁河」

个峡,峡内绝壁对峙,其形胜宛若夔门,故有"小夔门"之称。从大昌依次上溯的庙峡、剪刀峡、七蟒峡、野猪峡,也有剪刀峰、犀牛望月、锁龙柱(锁的是七条祸害黎民百姓的巨蟒)等,而庙溪峡里的云台仙子简直就是"大宁河的神女峰"。

> 许多曾泛舟大宁河的游人,总喜欢拿它与游长江三峡的感受比,有的说大宁河上"峡更狭,境更幽,舟更奇,俗更异",有的说小三峡与小小三峡,"有山皆翠,有水皆绿,有峰皆奇,有瀑皆飞","不是三峡,胜似三峡",有的干脆称"宁河归来不看峡"。

三峡水库蓄水后,大宁河口开始与长江融为一体,成为三峡水库的一部分。河面也开始变得开阔,长江回灌至二百里以外的巫溪县,大宁河的主干消失于三峡水库的库水中。

> 对于美丽的大宁河、小三峡与小小三峡来说,泱泱平湖既是旧历史的封底,也是新历史的封面。

与长江三峡相比,大宁河峡谷更窄,山势更陡,有"峭壁走廊"之称。风景更是别有天地,特别是从大宁河口到大昌古镇之间的龙门峡、巴雾峡、滴翠峡这50千米河道上,名胜最多,景色尤佳,可与三峡媲美,人们称其为"小三峡"。

从巫山县城东乘柳叶舟溯流而上,迎面就是龙门峡。龙门峡,古名"雏门",当地又称"罗门峡",长约3千米,是小三峡中最短的一个峡。峡口两岸峭壁高耸入云,峰峰相对,宛若门户,素有"不是夔门,胜似夔门"之誉,故有"小夔门"之称。

「小三峡龙门峡」

巴东三峡巫峡长

「小三峡巴雾峡」

巴雾峡，又称"铁棺峡"，从琵琶洲头的乌龟滩至下湾，全长约10千米。峡内山高谷深，云雾迷蒙，钟乳密布，怪石嶙峋，千奇万状，可谓"石出疑无路，拐弯别有天"。峡中一组组钟乳石的天然雕塑，千姿百态，栩栩如生。

过链鱼口，出双龙镇，连上两个险滩，便进入了滴翠峡。滴翠峡，原名"皇台峡"，从双龙的牛鼻洞至涂家坝，长20千米，是"小三峡"中最长最美的一个峡。滴翠峡的特征是"有山皆翠，有水皆绿，有峰皆奇，有瀑皆飞"，加上鸳鸯戏水，竹木葱茏，群猴攀援，啼声阵阵，饶有野趣。这一段绮丽多姿的风光，为小三峡赢得了"不是三峡，胜似三峡"和"宁河归来不看峡"的美誉。

宁河"小三峡"终年可游。但由于季节更迭，景色各异，乐趣别生。春天，众鸟啼鸣，杜鹃花盛开两岸；夏天，竹木葱绿，遮天蔽日，峡中非

「小三峡滴翠峡」

常凉爽，还可以游泳；秋天，满山红叶，鸳鸯戏水，是游览的黄金季节；冬天，气温一般在8℃以上，水奇浅、奇清、奇急，滩奇多、奇险，又是一番风味。

长江三峡，早已驰名中外。大宁河上的小三峡，如今也广为人知。而小三峡中滴翠峡东岸有支流马渡河汇入，马渡河上的"小小三峡"，直到近年才一改"养在深闺人未识"的状况，成为人们游三峡的新去处。

三撑峡是小小三峡之首，从马渡河与大宁河交汇处到渡口，全长5千米，宽五六米。因为水深一般只有两尺，只能划乘柳叶舟进峡，坐在舟上，手能摸到岩壁。两岸高耸相对的崖壁，一侧长满奇株异树，另一侧却是一层又一层的苍翠毛竹。小船时而在水石中摩擦而过，时而搁浅在滩石上，走

走停停，逐渐向深谷进发。由于水浅、滩多、石险，上水行船，要持续不断地撑篙，才能把船撑上去，"三"是多的意思，故称之为"三撑峡"。

过了三撑峡，便是秦王峡。秦王峡，从渡口至双河（两河口），全长5千米。峡岸有一大溶洞，进洞门有一300米长、100米宽的平坝，洞高50米，深不可测。据说，明代皇上专门派人在这里熬硝制炸药，熬硝的头目姓秦，熬硝有功，被封为王，从此叫"秦王洞"，故此段峡谷称为"秦王峡"。峡岸陡峭，水流平缓，木排放歌，回荡其间，是漂流游览的最佳地段。

长滩峡，小小三峡的最后一峡，从双河至平和，全长5千米。长滩峡之得名，是因为整个峡谷几乎就是一段长滩，宽10米，笔直一线，水平似镜，清澈见底。峡岸山高700米，刀切斧劈，绝壁对峙，赤黄生辉，气势磅礴。遍地是彩色斑斓的卵石、古生物化石，鱼类繁多。

「小小三峡一角」

三峡水利枢纽工程成功建成之后，大宁河水位不断上升，沿途景观难免遭受到不同程度的影响，小三峡与小小三峡也不例外。但是水位的上升又为景区的延伸创造了条件，马渡河的小小小三峡指的是铁桥峡、童子峡与大石峡，这里刚被发现不久，不乏天然去雕饰的美感。

行船、走溪、爬山、漂流……探游小小三峡这一"天下绝妙处"定会给你带来无穷兴味的！"神矣绝矣"，惊叹之余，你也定会恍恍惚惚：是流浪在梦里，还是滑翔在天上？！

巫山云峰密似麻

百里巫峡，千里巫峰，历来是诗人和画家创作的生动题材，也是旅游者倾心向往的地方。古人有诗云："放舟下巫峡，心在十二峰。"其实，巫山云峰密似麻，著名的有十二峰，最著名的是神女峰。人世间峻峭的山峰都似乎云集三峡。

巴东三峡巫峡长

巫峡以幽深著称，长江穿流其间，迂回曲折，时而大山当前，苍崖相逼，好像江流阻隔，无法前进；忽而峰回路转，却又是一水相通，别有江天。巫峡幽深曲折，壮美秀丽，在此先对形成巫峡的巫山山脉作一介绍。

巫山山脉位于重庆市与湖北省的交界区，北与大巴山相连，山地呈东北—西南走向，长120多千米，宽21～37千米，海拔600～2000米，最高峰在奉节县的猫儿梁，海拔2123米。巫山山脉在三峡地区主要分布在重庆万州东南部的奉节、巫山和湖北恩施自治州的巴东、建始等地。由于这一带是我国暴雨区之一，雨量特多，又系石灰岩地区，在长期风雨侵蚀和河川深切之下，形成了气势峥嵘、姿态万千的座座奇峰秀峦。

"巫山天下奇"，历代诗文对巫山山脉的气势与特点都做了生动细腻的刻画。陆游《入蜀记》中写道："巫山，峰峦上入霄汉，山脚直插江中。议者谓太、华、衡、庐，皆无此奇。"奇在何处？中唐诗人李贺《巫山高》一诗道出了巫山山脉的气势，追怀巫山神女优美动人的故事：

> 碧丛丛，高插天，大江翻澜神曳烟。
> 楚魂寻梦风飕然，晓风飞雨生苔钱。
> 瑶姬一去一千年，丁香筇竹啼老猿。
> 古祠近月蟾桂寒，椒花坠红湿云间。

极言巫山纤丽奇秀，唐人郑世翼《巫山高》诗云：

> 巫山凌太清，岧峣类削成。
> 霏霏暮雨合，霭霭朝云生。
> 危峰入鸟道，深谷泻猿声。
> 别有幽栖客，淹留攀桂情。

强调巫山山峰之密以及地势险要，清人李调元《巫山县》一诗写道：

> 小小巫山县，云峰密似麻。
> 天宽才一线，地仄控三巴。
> 瀑挂山山树，溪流处处花。
> 瞿塘天下险，莫更说褒斜。

巫山美，最美十二峰，它是三峡的骄子，是巫山山脉"零星百万峰"中的佼佼者。所谓"巫山十二峰，皆在碧虚中。回合云藏月，霏微雨带风"，烟雨苍茫，云山虚幻的巫山十二峰，其绮丽景色像磁石一样吸引着亿万游人。"放舟下巫峡，心在十二峰"，清人许汝龙的《巫峡》这两句诗，描绘出了游人对十二峰的倾慕与神往之情。

「巫山神女峰」

巫山十二峰，峻秀多姿，个个都有充满诗情画意的美名，座座都出之有因，甚有情趣。古代文人用七言古诗，将十二峰峰名相联缀，这类诗文颇多，其一曰：

> 神女朝云千古谈，聚鹤过江飞集仙。
> 翠屏青葱松峦绿，飞凤授书瑶姬传。
> 登龙腾空六峰攒，狮子银牌饮圣泉。
> 起云上升可处去？小溪河畔访净坛。

其二曰：

> 曾步净坛访集仙,朝云深处起云连。
> 上升峰顶望霞远,月照翠屏聚鹤还。
> 才睹登龙腾汉宇,遥望飞凤弄晴川。
> 两岸不住松峦啸,断是呼朋饮圣泉。

其三曰：

> 翠屏百丈起云烟,远望霞光照圣泉。
> 聚鹤漫夸千载胜,登龙疑到九重天。
> 朝云雨雾洗净坛,集仙飞凤开晴川。
> 试问松峦樵子径,上升峰顶看楚天。

巫山群峰，除十二峰外，另有许多山峰，或有名，或无名，都各具姿态，仪态万千。

百里巫峡，千米巫峰，历来都是诗人、画家创作的生动题材，也是旅游者倾心向往的地方。

巫山十二郁苍苍

巫山十二峰分布在巫山县东的长江两岸，距县城十至三十千米不等，江南江北各有六峰。江北六峰为登龙峰、圣泉峰、集仙峰、松峦峰、神女（望霞）峰、朝云峰；江南六峰为净坛峰、起云峰、上升峰，此三峰隐而不见，只有飞凤峰、翠屏峰、聚鹤峰可以看到。

「巫山登龙峰」

乘船离开巫山港口，东行十余千米，朝北岸望去，有一条小溪横向流入长江，溪名为"横石溪"，溪的西边即是"登龙峰"。山高1215米，上有六个峰峦依次排列，由低而高，蜿蜒盘曲，烟云飞过，山摇影移，恍眼望去，宛如一条巨龙飞跃腾空，故名"登龙峰"。

「巫山圣泉峰」

离开横石溪，转眼便可看到北岸的山峰。峰高1023米，石灰岩山脊顺山势突起，远看山的形状如一只昂首前视的雄狮，峰前有一块长满白色钟乳石的直立岩石，阳光照射，银光闪耀，恰似一块玉牌系在雄狮颈上。峰顶有一泉水，清莹明澈，终年喷涌不息，因名"圣泉峰"。

这时，拐过巫峡的一个弯，南岸的青石镇便展现于眼前。青石镇一带，北岸有四峰，南岸有三峰，是奇峰最为集中的地带。

距横石镇5千米，位于长江北岸，有三峰耸入云端，高程1324米。清晨常有彩云缭绕，时而聚拢，时而散开，变幻无穷，令人顿生飘飘欲仙之感，人们称为"朝云峰"。这里是观赏巫山云海的最佳点，云涛翻滚，轻飘漫舞，千姿百态。

「巫山朝云峰」

望霞峰，又名"神女峰"、"美女峰"，高1112米，正在青石镇对岸。峰巅东侧有一块高约6米的石灰岩柱，像一位婀娜多姿的少女，亭亭玉立，含情脉脉地凝视江面。每天清晨，她最先迎来朝霞；每天黄昏，她最后送走晚霞。刘禹锡的诗"巫山十二郁苍苍，片石亭亭号女郎"即咏此峰。陆游《入蜀记》："然十二峰者，不可悉见。所见八、九峰，惟神女峰最为纤丽奇峭壁，宜为仙真所托。"

在望霞峰东侧，是一座穹隆状高峰，高约990米。从前，峰顶上巨

「巫山松峦峰」

松成林，枝繁叶茂，峡风劲吹，松涛阵阵，故名"松峦峰"。现在，峰顶上古松全无，当地群众以其形貌如帽盒，又称"帽盒峰"。

集仙峰在松峦峰之东，高约990米，远望山形颇似一把张开的剪刀，故又名"剪刀峰"。峰顶众石罗列，嶙峋参差，有形状像锅、灶、桌、凳的岩石，传说每年八月十五夜月明时，就会有仙女来此集会，丝竹之音，悠扬动听，"集仙峰"取其"仙女聚集"之意。

南岸可以看见"飞凤"、"翠屏"、"聚鹤"三峰。飞凤峰，位于江南岸青石溪西侧的青石村，海拔821米，山梁从西南伸向东北，它的整个形象活像一只从远处飞来饮水的凤凰，因此被人们称为"飞凤峰"。深入水中的部分是"凤凰"的"嘴"，两侧翘起的山脊则是"凤凰"的"双翅"。

「巫山集仙峰」

翠屏峰位于青石村背后，海拔850米，像一面屏风耸立在平缓的山坡之上。峭壁上挂满藤蔓和小草，人从峭壁前走过，仿佛漫步在绿光可鉴的翠屏中。山坡上梯田层层，橘林吐翠，绿荫中的村落，炊烟袅袅，风景秀丽。

翠屏峰的东面有一峰雄峙，高829米，峰顶奇岩怪石，古藤盘结，松杉长青。传说清早的白鹤从这儿起飞，傍晚又飞聚这儿栖息,故名"聚鹤峰"。

巫山十二峰，另有三峰需要从青石镇出发，沿小溪临峰观望。净坛峰，是一座岩石层叠而起的大山峦，山顶有一平台，山脚下有一龙潭，远看其姿态仿若一座设置在龙宫之上的祭坛。

起云峰绝壁凌云，弥漫着蒸腾不息的湿气，峡风一阵大，一阵小，

「巫山起云峰」

风向一会儿东，一会儿西。云雾变化莫测，扑朔迷离，千姿百态，仿佛漫天的云雾都是从这儿生长，又从这儿飘远散去。

上升峰山势东折而伏。形态像一只山鹰展翅向蓝天飞升。山峰巍然屹立，不可攀跻。

十二峰的大致位置，有歌谣曰：

> 登龙前去是圣泉，集仙松峦紧相伴。
> 西则望霞连朝云，隔岸再现翠屏山。
> 聚鹤相对是飞凤，其余需进小溪看。
> 净坛之前有起云，上升览罢无遗憾。

巫峡苍苍烟雨时

长长的巫峡，幽深秀丽，体现在巫峡的金盔银甲峡、老鼠峡、箭穿峡、铁棺峡、门扇峡等小峡深谷之中，也体现在两岸众多的自然与人文景观上，如箜篌沱、"金鸡对石鼓"等奇石、七女塘、边域溪、楠木园、官渡口、授书台、神女庙、孔明碑等，错落有致地分布在巫峡两岸，使人顿觉这秀丽景色与人文景观的和谐统一，"淡妆浓抹总相宜"。而峡中至美，便是变幻不定的云雨，船行峡中，时而细雨霏霏，终日难晴；忽而云缠雾绕，似若幻境。"巫峡苍苍烟雨时"，此时此刻，整个巫峡颇有一番朦胧之美。

巫山城东南十五里的长江南岸，有一座夫子山。夫子山麓的临江处有两块岩石相对，其一似鸡，其一似鼓。"金鸡"引颈面江，若欲长啼报晓。"鸡头"上的"双眼"依稀可辨。前面8米处，是石鼓石。岩石上端呈圆形，表面平整，纹路清晰。"鼓面"两边还有"鼓环"。两石皆呈麻青色，坚硬异常，估计各重十吨以上。故名"金鸡对石鼓"。相传，过去这里确有一只金鸡,昼栖北岸的刀背石,夜宿南岸的金鸡洞,每至拂晓啼鸣,声若重槌擂鼓。有好利者,见其全身灿然,以为金银,乃夜入其洞,欲寻其金,却连一根鸡毛也没看到,遂以为神鸟。当地还传诵着一首民谣:"金鸡对石鼓,值银十万五;有人来识破,买个夔州府。"

乘船东下进入巫峡后,就会看见北岸有一条清澈的小溪注入长江,这便是横石溪。在横石溪与长江汇合的山嘴上,有一些错落有序的平房和楼房,这就是巫山县横石。横石溪以东的山岩,形状和色彩都很奇特。看它的上端,一派黄褐色,浑圆形的山头,就像古代武士的头盔;再看

「金盔银甲峡」

它的下端,好像一层一层的鳞片,交错重叠,成大大小小的"人"字形,层层叠叠如同古代的武士穿在身上征战护身的铠甲。这座山岩就叫"金盔银甲山",山下的峡谷叫"金盔银甲峡"。

老鼠峡,紧接着金盔银甲峡,因南岸半山腰上的老鼠洞而得名。

老鼠洞在飞凤峰的"凤"尾上。这是一个有丈余高、丈余深的岩洞。洞穴的口子上,有七八尊杂色的石堆,一个个都像老鼠,有的窜进,有的

「孔明碑」

跃出,有的惊慌,有的悠闲,种种形态,栩栩如生,妙趣横生。有人说:若不是峡中的涛鸣浪吼,过往的旅客还能听得到它们叽叽叽的叫声呢。

老鼠洞的东面就是箭穿峡。向北岸朝云峰上举目望去,峰梁上有一洞穿透亮的石孔。对孔而望,可见一片天空。人们传说,此孔乃楚霸王项羽所射。项羽与人比武,约以三箭射穿山梁,霸王一箭穿石,遂成此孔,后人叫它"箭穿洞"。

著名的"孔明碑"位于集仙峰(剪刀峰)

下半部的悬崖上。它并不是一块普通的石碑,而是石灰岩峭壁上的一幅奇特的石刻。

巫峡两岸,峰奇峦秀,船行峡中,时而细雨霏霏,竟日难晴;时而云缠雾绕,似若幻境。此刻,若是吟哦起一首又一首古人咏巫山云雨诗来,定会令人心向往之,拍案叫绝。

巫山地区,是长江流域著名的暴雨中心区之一。三峡一带,年降水量虽不过1000多毫米,但却集中在七八月的雨季。巫山年日照可达1500小时,比三峡其他峡段要长。这里的雾,每年只有10天左右,比起每年雾日多达百天的"雾都重庆"就显得非常少了。但由于巫峡两岸群峰矗立,峡高谷深,即使是在万里无云的晴朗日子,阳光也不易照射到峡内,这样一来,峡内久久蒸郁不散的湿气,免不了形成漫漫云雾,易成云致雨。山巅谷坡,云环雾绕,变幻莫测。时而霭雾沉沉,峡雨霏霏;时而云收雾敛,霞光灿烂。

对巫山云雨的绮丽多彩,虚幻莫测,只有驻足巫山的人,才会观察入微,击节赞叹。古人梁琼在《宿巫山寄远人》诗中写道:"巫山云,巫山雨,朝云暮雨无定所。南岸忽暗北岸晴,空里仙人语笑声。"你瞧:那薄绵轻絮般的云彩,终年缭绕在巫山十二峰上,似烟非烟,似云非云,似雨非雨。雨来则滚滚浓云,瞬息铺天盖地,像沧海巨流,简直要吞噬山野,淹没大江;雨停则缕缕淡云在峡谷游荡,忽紧忽慢,忽聚忽散;雨后则山野如洗,片片彩云迎空升腾,峰青峦秀。更有趣的是,有时甚至还会出现东边日出西边雨,江南降雨江北晴,山上下雨山下晴的奇异景观。若"轻舟"过三峡,是很难得赏巫山云雨的千般风采、万般风情的。

行到巫山必有诗

"行到巫山必有诗",好一句充满自信的诗句。本节所讲述的既有信史,如"郦道元大笔注《水经》",也有民间传说,如"白居易巫山收弟子"、"王安石智辨中峡水",它们给巫峡的奇美秀丽增添了许多深沉与幽默。而古代三峡曾是猿的世界,以猿声入诗者比比皆是,让想猿盼猿的今人,可去诗中寻猿声。

巴东三峡巫峡长

中国古代地理学家屈指可数，郦道元称得上是一位著名的地理学家；中国古代地理名著也是屈指可数，《水经注》则是煌煌巨著，彪炳寰宇。

郦道元（公元466或472—527年），祖籍范阳（今河北涿州），是我国南北朝时期的著名地理学家。他自幼好学，泛读天下各种书籍，并随父郦范宦游山东，访求名胜古迹，培养了"访读搜集"的兴趣。成年后，足迹遍于今山东、河北、山西、河南、陕西、湖北等地，这使他对祖国的历史、地理产生了浓厚的兴趣。他生前撰有《水经注》、《本志》等历史地理著作，尤以《水经注》40卷影响最大，流传至今。

> 《水经注》是一部以河流系统为纲而写成的古代历史地理名著，是郦道元在公元6世纪初期写成的。郦道元以前人所撰《水经》为纲，作了20倍于原书的补充和发展，自成巨著，撰成《水经注》。它记载了大小水道1000多条，一一穷源竟委，详细记述了水道所经地区山陵、原隰、城邑、关津等地理情况，建置沿革和有关历史事件、人物，甚至神话传说，无不繁征博引，是6世纪前我国最全面、最系统的综合性地理著作。

郦道元曾到过三峡，在《水经注》中，专门有一段文字描绘了长江三峡雄伟的气势和秀丽的景色，对三峡的险峻、两岸的地理古迹、神话传说和风俗习惯，做了精当的描述，表达了作者对祖国山河的热爱和赞颂之情。尤其是巫峡一段，郦道元运用准确精练的语言，描绘了两岸山势的高峻，夏日江水的湍急，峡中四季景色的多彩多姿，末尾以渔歌作为结束，渲染了秋景萧瑟的气氛，写得十分生动形象，隽永传神，堪称《水经注》中的名篇。

"不知远郡何时到，犹喜全家此去同。万里王程三峡外，百年生计一舟中"。白居易在赴忠州刺史任上，心情复杂，既为不知遥远的忠州何时能到达而茫然，又为这次能携带全家人同往而高兴；既为能受命于君王赴任而欣慰，又为全家生命财产都在一条船上的安危而担心。"巫山暮足沾花雨，陇水春多逆浪风"。峡中暮色春雨，风浪气象变幻，行船困顿。然而"两岸红旌数声鼓，使君舟艣艓上巴东"。岸上红旗猎猎，鼓角鸣响，欢迎他的到来,这些又使白居易忘却忧郁而振奋,故在进入巫峡前船停巴东城,欣然写下《入峡次巴东》。

进入巫峡,船抵巫山古城。从此,三峡民间传说中有了一则"白居易巫山收弟子"的传说,而三峡诗海里则多了一则趣闻:白居易由江州司马改为忠州刺史,要路过三峡去上任。此时,秭归县有个叫繁知一的书生听说这一消息,因久慕白居易的大名,很想拜其为师。

繁知一通过在巫山神女祠题诗一首《邀师》来吸引白居易的注意:"忠州刺史今才子,行到巫山必有诗。为报高唐神女道,速排云雨候清词。"这首诗巧妙地运用典故既表达了诗意又写出了自己的目的,从此,白居易和繁知一成了师生。他们的交往和师生情谊在三峡民间传为佳话。

明代小说家冯梦龙,在其所撰《警世通言》中,记有一段关于王安石、苏东坡和峡江水的趣闻。

苏轼在被贬黄州时向王安石辞行,王安石想让其取巫峡水一瓶泡茶治痰火之症,苏轼领命而去。

苏轼来到黄州不觉已近一年,才偶然想起荆公所托之事。正好夫人要回四川,东坡决定送她半程,到夔州他再返棹东下,以便取中峡水去东京(今河南开封)复命。不料下水甚快,一泻千里。而东坡见那峭壁千寻,沸波一线,想要做一篇《三峡赋》以明志,只因连日困倦,凭几构思,不觉睡去。及至醒来,中峡早过。东坡为了取中峡水,只好叫水手返航。但是逆水行舟,使水手甚感为难。东坡心想:荆公未免过于迂执,何必定要中峡之水?便命水手满满汲了一瓮下峡水。

东坡携瓮来到相府,王安石亲启瓮封,命人用银铫汲水煨之,再取著名的定瓷碗一只,投阳羡茶一撮,候水开如蟹眼时急速沏茶,许久才现茶色。王安石不由问道:"此水何处取来?"东坡道:"巫峡"。荆公道:"是中峡了。"东坡道:"正是。"荆公笑道:"又来欺老夫了!此乃下峡之水,如何假名中峡?"东坡大惊,不得不以实言相告,并问道:"老太师何以辨之?"

王安石说:"读书人不可轻举妄动,须细心察理,这三峡水性出于《水经补注》。上峡水性太急,下峡水太缓,惟中峡水缓急相半。如用来沏阳羡茶,则上峡水味浓,下峡水味淡,中峡水浓淡相宜。今观茶色半晌方见，故知是下峡水。"东坡离席谢罪。王安石不仅大谈茶水之道，还以此喻做人之理，告诫这位自视甚高的苏学士："因子瞻过于聪明，以致疏略如此。"

"树悉江中见，猿多天外闻"说明长江三峡地区曾经是猿类的王国。

"巴东三峡猿鸣悲，夜鸣三声泪沾裳"当属最早写猿声的诗，清人沈德潜《古诗源》注曰："说猿声之悲始此"，与此同时，郦道元《水经注》引述盛弘之《荆州记》的描写："每至晴初霜旦，林寒涧肃，常有高猿长啸，属此凄异，空谷传响，哀转久绝。故渔者歌曰：'巴东三峡巫峡长，猿鸣三声泪沾裳'。"自此，写三峡猿声的诗数不胜数，咏巫山、巫峡的诗，几乎都写到猿和猿声：王融《巫山高》中的"烟霞乍舒卷，猿鸟啼断续"；梁简文帝萧纲《蜀道难》"笛声下复高，猿啼断还续"；梁元帝萧绎《折杨柳》诗"巫山巫峡长，垂柳复垂杨……寒夜猿声彻，游子泪沾裳"；王泰《赋得巫山高诗》"谷深流响咽，峡近猿声悲"，都提到了峡江中的猿声。在众多写三峡猿声的诗中，尤以李白的"两岸猿声啼不住"诗句最为形象生动，千古流传。历史上，长江三峡地区自然条件良好，海拔高度为100~1500米，气候温和适宜，雨量充沛，森林茂密，野果繁多，溶洞密布，具有猿类理想的生活环境，这里便成了猿的世界。

如今，谁能再见三峡猿影？谁能再闻三峡猿声？三峡不见猿的踪影，猿声绝迹，人们开始想猿、爱猿、盼猿！

> 三峡猿那哀转久绝的声音不仅曾长久地回荡于三峡的寒林肃涧中，回荡在文人墨客的诗词里，而且将永远回响在我们的记忆之中。这声音时时提醒我们：保护大自然，热爱人类与动物共有的家园！

西陵山水天下佳

欧阳修在被贬任夷陵令途中曾过西陵峡,为西陵山水之美而倾倒,写下"西陵山水天下佳"的诗句,高度评价西陵峡的风光。峡峻且"峡如竹节稠",滩险有"西陵三滩"、"归水四险"之称,为举世闻名的葛洲坝水利工程与三峡水利枢纽工程提供了良好的地理位置与条件。"西陵多胜景",堪称"惟有山川为胜绝,寄人堪作画图夸","西陵山水天下佳"绝非浪得虚名。

西陵山水天下佳

宋代大诗人欧阳修被贬任夷陵（今宜昌）令时曾为西陵山水之美而倾倒，他在写给梅尧臣的诗中盛赞道："西陵山水天下佳"，高度评价了西陵峡的风光。船过官渡口，出了巫峡，便进入长江三峡的最后一峡——西陵峡。西陵峡西起巴东县的官渡口，东到宜昌市的南津关，全长114千米，因宜昌市的西陵山得名。自上而下，共分为四段：香溪宽谷，西陵峡上段峡谷、庙南宽谷、西陵峡下段峡谷。沿江有巴东、秭归、宜昌三座城市。南津关下是著名的葛洲坝水利工程，而举世闻名的三峡水利枢纽工程正位于庙南宽谷的三斗坪中堡岛。

西陵峡西段峡谷，指香溪口至庙河全长15千米的峡谷，分为兵书宝剑峡和牛肝马肺峡两段，是由长江横切黄陵背斜西翼而成。两岸崖壁夹峙，均以石灰岩或白云岩为主。这些地层的形成年代，顺峡而下由新到老逐次排列，十分规则，把黄陵大背斜西翼的各种地层展现在峡谷两侧，让人一览无遗。此江段险滩众多，以新滩为最险，水力资源非常丰富。

西陵峡风光佳在何处？除了拥有巴东古城、屈原故里、昭君故里外，还在于它的峡谷的美。从秭归香溪口到宜昌南津关为西陵峡谷全段，全长66千米，又分为上下两段，中间为长约31千米的庙南（庙河至南沱）宽谷

「西陵峡风光」

所分割。诗人云："峡到西陵气混茫"，这混茫的气势主要表现在西陵峡大峡套小峡，峡中有峡，人们可以一口气数出十几个峡：破水峡、兵书宝剑峡、（又叫"米仓峡"）、牛肝马肺峡、崆岭峡、黄牛峡、明月峡（又叫"扇子峡"）、灯影峡、黄猫峡等。每个峡都有自己的气势、特征、景物、传说，使人入迷。

> 山水极佳的西陵峡里，有很多险滩、礁石，达到"滩如竹节愁，都是鬼见愁"的地步。整个三峡的九滩、十三峡、三十六珠、七十二碛大部分在西陵峡里。人们常说的三峡三大险滩（即泄滩、青滩、崆岭滩），都在西陵峡里。因此，瞿塘峡以雄伟壮丽著称，巫峡以幽深秀丽著称，而西陵峡则以险峻绮丽著称。

西陵峡两岸有许多著名的山、溪、泉、石、洞，处处值得流连，用欧阳修的诗来说，就是"惟有山川为胜景，寂人堪作画图夸"（《奇梅圣俞》）。链子岩、仙女山、天柱山、三把刀、九畹溪、乐天

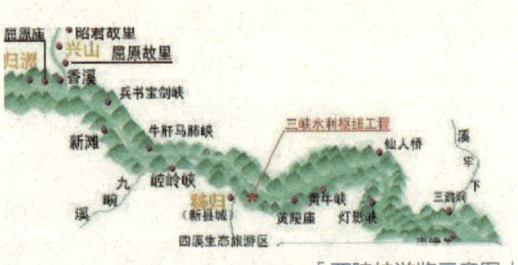

「西陵峡游览示意图」

溪、下牢溪、蛤蟆泉、陆游泉、邮督争界、石牌、中堡岛、黄陵庙、黄颡洞、龙泉洞、三游洞、南津关等，可谓是"西陵多胜景"。

"西陵峡口大城浮"，三峡捧出宜昌市，世界崛起水电城。历史上"夷陵虽小邑，自古控荆吴"。欧阳修曾为夷陵令，"庐陵事业起夷陵"，在宜昌写下了重彩的一笔。宜昌山清水秀，风景优美，名胜古迹颇多，除最负盛名的"三游洞"和"葛洲坝"外，还有尔雅书院、天然塔、荆门山等，加上城区中心风景名胜区，宜昌市被人们赞为"宜昌山水天下佳"。

庙南宽谷，把西陵峡分隔为东西两段，为秭归县庙河至宜昌县南陀约31千米的江段，是三峡中的一个大宽谷。庙南宽谷江面宽可达1400米，河谷底部宽500~1000米，谷坡较缓，是三峡中最开阔的河段；江中礁石林立，险滩重重，著名的崆岭滩、崆岭峡，即在宽谷西段。因为庙南宽谷主要由古老的变质岩和岩性坚硬的花岗岩组成，特别是河床所在地黄陵背斜核心部分的花岗岩风化很薄，基岩新鲜、坚硬、完整，为三峡水利枢纽工程提供了优良的地质基础。

西陵峡东段峡谷，为宜昌县南沱至宜昌市南津关间长20千米的峡谷，系由长江切穿黄陵背斜东翼而成。长江在此横断震旦系、奥陶系石灰岩，

形成三峡最东段的雄伟峡谷,其中以石牌为界,大体划分为灯影峡与黄猫峡(又名宜昌峡)两段。

长江东出南津关后,两岸山丘低缓,岩层呈红色,为砾岩和岩性软弱的泥化夹层。这时,江面骤然展宽,由400米增至2000米左右,流速由急变缓。宜昌古称"夷陵",即据"水至此而夷,山至此而陵"而得名。

楚蜀纽带巴东城

"好奇须过古巴东"。清人张问陶的这一诗句吸引我们驻足巴东。巴东,自古称为"锁钥荆襄,咽喉巴蜀",位于湖北省恩施,不仅地势险要,而且风景异常秀丽。拥有神农溪、清江水布垭、天子河、格子河石林等自然景观,是长江三峡旅游专线上不可忽视的热点。其实,仁山智水的巴东,不只是"好奇须过",那楚蜀纽带的巴东城、秋风亭、无源洞和万仙洞、神农溪、格子河石林、天子河,都是值得驻足一游的好地方。

船出巫峡,过官渡口,便是长达48千米的香溪宽谷。作为楚蜀纽带和长江航线湖北境内最西端的一个县城,古城巴东便处在宽谷的上端。巴东县位于大巴山东南,长江三峡中段,在湖北省西部,恩施州北部,全县地形狭长,东西宽37.5千米,南北长137.6千米,有"八百里巴东"之称。

「消逝的巴东古城」

长江流经巴东38千米,长江巴东段上有个"巴东小三峡"之称。长江巴东段西起边域溪河口,经过19.5千米到官渡口出巫峡,然后进入宽谷地带,东到牛口入秭归。西有巫峡尾段的铁棺峡和门扇峡,东有宽谷中的唯一小峡——破水峡,合称"巴东小三峡"。破水峡长约三里,西起巴东县城东七里处的黄岩,东到秭归的三家嘴,峡中滩多流急,泡漩无常,把江面分割成一道又一道的水漕,人们因此把这个峡叫做"破水峡"——也有人说是因为岸边的岩石直插江面,好像要破开江水而得名。

这里又不像瞿塘峡与巫峡之间的大宁河宽谷两岸那般平缓、舒展，无论南岸或北岸，都很难找到一块建筑城池的台地。可这里又偏偏是湖北进出川渝的门户，是鄂西南山区的交通枢纽和物资集散地，只得在南岸的陡坡上用掘高填低的办法，垒起一道城墙似的堡坎，修筑起一座名不虚传的山城，这便是峡江古城巴东。

巴东江山秀丽，风景优美，名胜古迹较多，因而屈原、李白、杜甫、白居易、寇准、苏轼、陆游、郭沫若等古今著名诗人，都在这里留下了许多脍炙人口的诗句和诗篇。如李白的"我在巴东三峡时，西看明月忆峨眉"；白居易的"巴东船舫上巴西，波面风生雨脚齐"；陆游则表露了三峡随处是诗的情感，留下了"从今诗在巴东县"的名句。

秭归胜迹溯源长

秭归，一个充满希望的地方，西陵峡大部分在其境内，是三峡工程坝区和库区首县，被国务院列为"对外开放县"后，以优美奇特的自然景观，闻名于世的人文景观，招徕海内外游客。"屈原故里"秭归县，她留给人们最深的印象便是"胜迹溯源长"和"库区第一县"。

「秭归县一角」

> 正如有的文人所言：一个伟大诗人，一个绝色美人，阴阳双壁，同出一地，这该是秭归的骄傲。

秭归县下辖于湖北省宜昌市，县辖7镇、5乡。东与宜昌县三斗坪、太平溪、邓村交界，南同长阳县接壤，西邻巴东县，北接兴山县。

秭归历史源远流长。据长江三峡考古发掘资料，在距今7000年以前，

西陵山水天下佳

秭归朝天嘴一带就有人类定居生活。殷商时代，秭归为归国所在地，至今已有3200年文字史。西周时期，周成王封楚子熊绎以子男之田，居丹阳，《水经注》记述秭归境内有丹阳遗址。西周晚期至春秋中期为夔子国，楚之附庸。战国后期称归乡，中国历史上的伟大爱国诗人屈原诞生在归乡乐平里。秭归是楚文化的发源地。汉置秭归县，秭归之名自此见诸史册，中国古代四大美人之一的王昭君诞生于分置兴山县以前的秭归。北周改为长宁县，隋复名秭归县，唐置归州，辖数县。1914年复改为秭归县。郦道元赞扬秭归"山秀水清，故出俊异"。古往今来，多少名家涉足秭归，吟咏这钟灵毓秀之地。一代文豪郭沫若途经秭归时，挥动如椽的画笔，将秭归和西陵峡的昨天、今天与明天染成一幅色彩斑斓的画面：

> 秭归胜迹溯源长，峡到西陵气混茫。
> 屈子衣冠犹有冢，明妃脂粉尚流香。
> 兵书宝剑存形似，马肺牛肝说寇狂。
> 三斗坪前今日过，他年水坝起高墙。

秭归"上控巴蜀，下引荆襄，扼楚蜀之交带，当水陆之要冲"，是巴楚文化交相融合的地方，人民的生产生活也带有明显的巴楚文化印迹，洋溢着浓郁的巴楚情调。铿锵的船工号子，悲怆的招魂曲，悠远的丧鼓调，亦或依山而居的吊脚楼，男人的白头帕，女人的花腰围……像酽酽的苞谷酒，让人心醉神往。

秭归的闻名，与屈原的名字紧紧相连。屈原（约公元前339—约前278年），名平，又名正则，字灵均，战国末期楚国归乡乐平里（今秭归县香溪镇屈原乡屈原村）人，楚国诗人、政治家。

屈原自幼生长在西陵峡临近之归乡，受山水陶冶，重内美，爱整洁，勤学问。在故乡乐平里，流传着许多他少

「屈原故里」

时生活、学习的传说及有关遗迹，如濯缨泉、照面井、读书洞、颂橘坡、玉米田等。

> 屈原是中国历史上伟大的爱国诗人，中国浪漫主义文学的奠基人。他一生留下《离骚》《九章》《天问》《九歌》等诗歌20多篇，后人将其作品辑为《楚辞》千古流传，成为中国文学史上的璀璨明珠，"逸响伟辞，卓绝一世"。"屈平辞赋悬日月"，两千多年来，屈原作为一个伟大的文学家形象，一直活在后世人民心中。1953年，世界和平理事会将屈原列为世界文化名人之一，受到各国爱好和平人士的纪念。

秭归县名的来由，也与屈原相关。民间传说，屈原被流放的时候，屈原贤淑的姐姐女媭，赶回故乡省亲，苦口婆心地安慰弟弟。后人敬重这位贤慧的姐姐，就取其"姊姊归来"的意思，将县名改为"姊归"。后来虽然"姊"字演易成"秭"字，但古音和古意始终未变。还有另一种说法：屈原放逐后听闻楚国国破的消息，悲愤投汨罗江。死后，有神鱼驮其尸体归，化作杜鹃，声声叫唤："姐姐，我回来啦！"此后，归乡便改称"秭归"。

秭归，又是一座好客的城市。每年端午节，这里的客人特别多。这一天，秭归人民拂晓起床，赶到屈原沱两岸，观看一年一度的龙舟竞渡，抚慰屈原忠魂。端午节前去游秭归的人，当地人民以贵客相迎，并向你讲述许多关于屈原的传说。

从屈原乡所在集镇上的游家渡口过香溪，便进入七里峡。七里峡，路程正好是七里，是一条狭窄的通道，两旁山峰高耸，姿态互不雷同，有的连绵起伏，有的巍峨雄峙，有的翘首蓝天，有的亭亭玉立，有的重重叠叠，有的闪闪发光。峡中流淌着一条小溪，

「秭归划龙舟」

浅处，水花激荡；深处，绿不见底。弯弯曲曲的山道，沿着小溪穿来绕去，游人缓步在这羊肠似的小道上，不仅可以饱赏林壑的美景，还可以品赏从深山流出来的甘泉。

出七里峡，山势豁然开朗，一马平川展现在眼前。这里山花烂漫，绿树葱郁，是乐平里外面第一个迎接宾客的地方。屈原少壮离乡时，曾在这儿休息过，当地人称休息为"歇脚"、"落脚"，所以给这个平川取了个"落脚坪"的名字。

从落脚坪西行一里许，眼前出现了一个大"圈椅"形的山坳。这就是"乐平里"，屈原在这儿度过了从襁褓到青年的时光。纪念他的遗址，也分布在这"圈椅"的"椅背"上。

一条小溪从"椅背"的高处倾泻而下，连跌十余级，从"椅口"流入七里峡中，这小溪名叫"响鼓溪"。溪里边尽头处，有一块大石头，它叫"擂鼓台"，相传这是屈原当年击鼓抗秦的擂鼓台。擂鼓台对面的石壁，人们叫它"响鼓岩"。

从"圈椅"的右边上去，是"香炉坪"。两千三百多年前，屈原就诞生在这山间小坪上的一幢瓦屋里。传说屈原降生的时候，一阵悦耳的丝竹之乐，从空中悠然飘来。他父亲视为大吉之兆，急忙摆上香炉，朝天叩拜。从此，这里就改为"香炉坪"。

香炉坪的对面是"读书洞"，野藤盘结，山花吐艳，头上山鸟飞鸣，脚下溪流有声，这山村的自然美景，使洞中显得分外幽静。这个洞是屈原青少年时代诵读诗书的地方，所以叫它"读书洞"。来到洞前，仿佛还可听到当年小屈原的郎朗读书声！

从读书洞前行，是"照面井"。井壁用青石镶砌，泉水清凉，有一股淡淡的香甜味儿。据传这古井是屈原亲手凿下的。井成之后，清如明镜，他每天和姐姐女媭来到井边，照照面容，整理长发。"照面井"的名字由此而来。相传，好心人和坏心人，只要井水一照，就泾渭分明了；那些奸臣贼子，是不敢上照面井的。这就是屈乡人们常说的：照面井寒奸佞胆！

在照面井的对面，是"玉米三丘"和"屈原庙"。相传屈原离乡后，心里仍然惦念着故乡人民，他从郢都带回一些优良稻种。乡亲们得到这些种子，先在这里种了三丘田，然后就传遍了乐平里。这三丘田长出的稻子，洁白如玉，有三分之一不必脱壳。又有人传说：在屈原被放逐回乡告别的时候，他曾独自在这儿徘徊良久，不忍离去，泪洒三丘。从此，这三丘田所产的稻米，像泪珠一样晶莹，粒粒似白玉。

> 伟人为江山添彩，江山因伟人而名。雄奇美丽的自然风光，与玲珑剔透的人文景观相交织，使屈原的诞生地异彩纷呈。游乐平里，你会感到步步皆景，目不暇接。

碧水香溪忆明妃

船过秭归归州城，顺江东下，在抵西陵峡峡口之时，站在船的左舷，便可看见一条碧绿如黛的溪流从北岸蜿蜒而来。这清溪就是千古流芳的香溪河。香溪河位于鄂西，是流经湖北兴山与秭归的最大河流。香溪河发源于神农架，有东西二源：东源在神农架林区骡马店，叫"东河"或"深渡河"，河长64.5千米；西源在大神农架山南，叫"西河"或"白沙河"，河长54千米。东西两河在兴山县高阳镇昭君村前的响滩汇合后，始称"香溪河"。人们习惯上就把从响滩到秭归香溪镇这一段，称作"香溪河"。按这种说法计算，香溪河全长33千米，流经兴山境内21千米，在游家河流入秭归县境，于香溪镇东侧注入长江。

香溪河河道一波三折，蜿蜒曲回，深潭与险滩相间，急流与缓沱相连。在缓沱深潭，水流潺潺湲湲，温厚婉转。在急流险滩处，水流奔泻如瀑，流花飞迸，似抛珠落玉，给溪水增添了无限的韵致。更有那河床上五光十色的鹅卵石，琳琅满目。有的光泽灿烂，有的圆润细腻，有的鹅卵石上天然

「香溪河一角」

生成各种奇妙的图案和线条，极其美丽。

香溪河口长年没有浪潮。在香溪河与长江的交汇处，清澈的香溪水与黄澄澄的长江水宛转成一段柔软而优美的曲线，不像在三峡中汇入长江的其他河流——溪河口那样浪潮汹涌，波涛翻腾。为什么唯独香溪河口一年四季风平浪静呢？传说昭君出塞之前，曾回家省亲，之后，她坐着龙头雕花木船，沿香溪河顺流而下，到达香溪河口，长江浪花纷纷朝溪口涌来，滞留花船，朝拜昭君，昭君感激地说"免朝（潮）"。此后，长江洪峰浪涛涌到这里便退去了，即使是夏天水涨，这里也浪平涛息。用这一美丽的传说来解释这一奇特的自然现象，寄寓了家乡人民对昭君姑娘的深切怀念之情。

「昭君故里」

悠悠香溪水，沿山势伸向昭君故里——兴山县高阳镇宝坪村。杜甫《咏怀古迹》诗云："群山万壑赴荆门，生长明妃尚有村。"诗中的明妃村就是今宝坪村。晋代避司马昭的名讳，改称昭君为明君或明妃。

王昭君，名嫱，字昭君，出身"良家子"，汉元帝时被选入宫庭，居数岁不得见帝。竟宁元年（前33年），匈奴呼韩邪单于入朝，自言欲娶汉家女而身为汉家婿。昭君自请嫁匈奴。临别，元帝方惊其美。入匈奴后，王昭君被封为宁胡阏氏，生一男伊屠智牙师，长大后被封为右日逐王。汉成帝建始二年（前31年），呼韩邪单于因病逝世。按照匈奴"妻后母"的风俗习惯，王昭君又嫁给了新继位的单于雕陶莫皋，复立为单于阏氏，生二女。王昭君出塞和亲，成了汉和匈奴两族人民友好团结的使者。在呼韩邪单于以后的半个多世纪里，两族关系始终保持着友好、安定的局面。董必武同志有诗赞她"昭君自有千秋在，胡汉和亲识见高"。王昭君为民族友好所作的贡献，将永远载入中华民族大团结的史册。她的故事被编为戏曲、小说，广为流传，历久不衰。人们对昭君故里的仰慕之情世代相传。

兴山县原属秭归所辖，所以在秭归城东门外"屈原故里"牌坊旁，竖着一块"汉昭君王嫱故里"的古碑。三国时，吴景帝孙休于永安三年（公元260年）从秭归析出建兴山县，因"环邑皆山，县治兴起于群山之中"而得名。从此，昭君故里就一直在兴山县境内，现在的兴山县高阳镇宝坪村，即古代的昭君村。

昭君姑娘告别故乡入宫的时候曾走过香溪拐第一个弯的地方，想到前走几步就再也看不到家乡的山水了，便久久地站在那

「汉昭君王嫱故里古碑」

儿，朝故乡望了又望，默默地从头上摘下一颗珍珠，掷入潭内。从此这里的潭水熠熠闪光、五彩生辉。后人称这里为"珍珠潭"。

在香溪河的支流高岚河上，邻近昭君故里，有个高岚风景区，享有"三峡最数高岚美"、"高岚风景天下奇"的盛名，成为昭君之县和三峡中的著名风景区之一。游览昭君故里，必看高岚风景。"高岚风光美，美在山和水"。高岚，这座巨大的神奇迷宫，主要由高岚山、卧佛山、天柱山、骆驼山和高岚河、孔子河、夏阳河、高坪河这四山四河构成。山峦相连，河流交错。高岚风景区除了神奇的山、神奇的水外，还有神奇的石、神奇的洞、神奇的树，叫人实实在在看不尽高岚的风景，写不完高岚的风景，也画不完高岚的风景。高岚风景区正以年轻而娇娆的丰姿吸引着游人，游人也总以"美境处处不愿回"的心情，依依离去，然后向世人极力推荐和称赞"三峡最数高岚美"。散文家齐克写道："高岚，是长江三峡的绝秀处；高岚，是中原特有的风景区；高岚，是诗的故乡画的回廊；高岚，是屈子昭君的故乡。"美国俄亥俄州人类学教授弗兰克·波伊里尔在高岚河两岸考察猴群时赞叹道："要是有人问，人间有天堂，天堂就在这里。"

「高岚风景区」

西陵山水天下佳

2008年，兴山县因为三峡水库蓄水搬迁。如今的兴山新城是沟通宜昌市与神龙架风景名胜区的重要枢纽，隶属于湖北省宜昌市，辖2乡6镇，总人口达18万多人，重要地位不言而喻。

西陵峡如竹节稠

> 瞿塘雄，巫峡秀，而西陵峡以滩"险"著称、以峡"峻"闻名。在西陵长长的高山峡谷里，峡中有峡，唐初诗人杨炯《西陵峡》诗以"绝壁耸万仞，长波射千里"诗句来描写西陵峡两岸山崖陡峭、峡中滩多水险。而诗人郭沫若《过西陵峡》诗写出了"峡到西陵气混茫"这气势豪迈的诗句，极言西陵峡的雄伟壮观、气势磅礴。峡到西陵，是不能不谈峡内的若干小峡的。

三峡险滩众多，其中有名可数的达百余处，而三峡险滩多在西陵峡内，正所谓"五步一滩、七步一峡"、"滩如竹节稠"。熟知的"西陵三滩"（泄滩、新滩、崆岭滩）均在秭归境内，再加上九龙滩，遂有"归水四险"之说。现如今，"高峡出平湖"，库区险滩已经成为历史，但历史会永远记录下峡江险滩昨日的血腥。

三峡工程竣工后，兵书宝剑峡与牛肝马肺峡已全部被淹没。我们现在只能从影像图片资料中寻找这有名的自然景观。

兵书宝剑峡，因"兵书石"与"宝剑石"而得名。它上起香溪口，下止新滩，全长5千米，江面宽仅百余米。峡谷两岸，奇峰竞拔，绝壁千寻，仰望高空，云天一线。俯视江流，怒江一束。惊涛拍岸，漩涡沸腾，回澜四溅，水势

「兵书宝剑峡」

狂奔。真乃是"山高不见鸟飞过，举头青天一尺多"。北岸峭壁上，有一处凹陷进去的洞穴，穴内有叠页岩，形如书卷，它就是"兵书石"；在兵书石的下方，又凸出一根插入江中的石柱，宛如一柄浮雕似的宝剑，这便是"宝剑石"。相传这"兵书"与"宝剑"都是诸葛亮的遗物，日久天长，化作岩石。

郭沫若赞："兵书宝剑存形似。"形似就好，何必求真？但自古至今，兵书宝剑峡的难解之谜，不知吸引着多少人！特别是那部无字天书的"兵书石"，据传有难以参破的天机，清人张问陶对其顶礼膜拜："天上阴符定不同，江山终古傲英雄。奇书未许人间读，我驾云梯欲仰攻。"与张问陶同时代的吴省钦认为"兵书"可能是古人治水方略："遥指千仞巅，纵横露装轴。纵非兵家言，治水或须读。"这些难解之谜，人们还将去猜测、想象。

过新滩，向东下行10余里的峡谷，就是牛肝马肺峡的原址所在。为什么叫"牛肝马肺"这个怪名呢？这里群山簇拥，奇峰突起，两岸崖壁如削，大有束长江为一线之势，所以此峡又名"麻线堆"。在峡谷转弯处聚鱼坊村对面，北

「牛肝马肺峡」

岸的绝壁上，东边悬挂着一团赭黄色的页岩，形似牛肝；西边垂下了一堵黯褐色的巉石，酷似马肺。于是，古人根据它的形象便命名为牛肝马肺峡。当地的一首民谣"千年阴雨淋未朽，万载烈日晒不干；老鹰为它空展翅，欲待充饥下咽难"生动地描绘了"牛肝、马肺"的形态，引得老鹰也凌空展翅，想把这"肝、肺"一口吞下。

这两处形象逼真的页岩、巉石，古人较早便注意到了。陆游《入蜀记》中记道："晚泊马肝峡口，两山对立，修竿摩天，略如庐山。江岸多石，百丈萦绊，极难过。"溯江而上的诗人，还以《过东滩入马肝峡》为题，写了一首山水诗，诗云："船上急滩如退益鸟，人缘绝壁似飞猱。口夸远岭青千叠，心忆平波绿一篙。"从诗题可见，南宋时期只叫"马肝"，不叫"牛肝"。

西陵山水天下佳

陆游《入蜀记》接着又写道："其傍又有狮子岩。岩中有一小石，蹲踞张颐，碧草被之，正如一青狮子。微泉泠泠，自岩中出。舟行急，不能取尝，当亦佳泉也。"这里现名"狮子洞"。这头守候在"牛肝"和"马肺"旁边的石"狮子"，还张开血盆大口蹲坐在那儿，陆游未及取尝的泉水依然奔泻不停，这使人们仿佛觉得，挂在石壁间的"肝"、"肺"，就是"狮子"利爪下的牺牲品。

崆岭峡是归州之门户，位于西陵峡中段、秭归县庙河至柳林碛之间，全长5华里，向来以"险"名世，与兵书宝剑峡、牛肝马肺峡并称"归峡三绝"。

崆岭峡两岸重岩叠嶂，高与天齐，把峡江逼成一条迂回曲折的长廊，清代诗人刘肇绅的《入崆岭峡》写出峡之极险：

「崆岭峡」

> 峭壁千寻并，群峰一线开。
> 江声呼岸走，山影压船来。
> 壮志论溟阔，余生滟滪堆。
> 尘劳兼涉险，吟兴未全灰。

千丈的高峰像墙壁一样并排而立，中间只裂开一条线似的隙缝，湍急的江水好像挟着江岸一起奔流而下，而峻峭的悬崖仿佛要向过往的船上倾压下来。

崆岭峡、牛肝马肺峡、兵书宝剑峡这"归峡三绝"，在三峡水库正常蓄水之后，许多奇景、奇观已经消逝：崆岭峡无"险"可言，牛肝马肺峡已经在三峡水库蓄水以前就被切割转移，兵书宝剑峡也已淹入水中。

长江出崆岭峡，视野豁然开朗，黄牛山突现在宽谷的东段。黄牛峡横穿三斗坪镇、莲沱镇，作为三峡大坝坝下第一峡而存在。

黄牛山在江南岸拔地千米，高耸入云，江流绕山岩成90度弧形，水急滩险，舟楫难行。过去，乘木船经过这里，在上下50华里的江面上都能

「黄牛峡」

望见这座山峰。船行数天,仍能看到这黄牛山,好像盘旋环绕在黄牛山下。因此,古代船工编了一首歌谣:"朝发黄牛,暮宿黄牛,三朝三暮,黄牛如故。"唐代诗人李白过此,也吟诗发出感叹:"三朝上黄牛,三暮行太迟。三朝又三暮,不觉鬓成丝。"

相传远古时期,玉帝见下界有孽龙作乱,洪水泛滥成灾,黎民流离失所,便降生焰魔帝天伊祁王之子夏禹到人世来治水救民,同时还派遣了一些星宿下界来帮助他。夏禹带着神女瑶姬授给他的天书,带领民夫,凿通了夔门,劈开了巫山,打通了崆岭,九年都没有回家看看。可是,前面又遇到了一座更大更坚固的山挡住去路,一时凿不开,洪水流不出去。于是,以大力士著称的土星下凡相助,土星便化作一头巨大的神牛,腾跃向前,以角抵山。只见山崩地裂,终于开出了一个更大的峡谷,洪水顿时一泻而出,直奔东海。当川江黎民赶来致谢时,神牛却不享供奉,跃上高岩,隐入深山,在岩壁上一靠,留下了自身的影像,从此保佑行船平安。人们为了纪念神牛助大禹开峡之功,便将这座山叫做"黄牛山",也叫"黄牛岩",并称山下的江中险滩为"黄牛滩",峡谷为"黄牛峡",还在江边修建了一座"黄牛祠"(又称"黄牛庙",后改称"黄陵庙")。

自黄牛峡下行,经南沱,出庙南宽谷,便进入了风景如画的明月峡,开始西陵峡下段峡谷的行程。明月峡江流形如弯月,江上帆影点点,两岸群峰竞秀,碧绿翡翠。因山间岩石多呈银白色,宛若皎月生辉,故名"明月峡"。

明月峡的如画美景早为古人所吟咏。据研究,《水经注》上的"素湍绿潭,回清倒影。绝山献多生怪柏,悬泉瀑布,飞漱其间,清荣峻茂,良多趣味"就是描写明月峡的。意思是:处处急流泛白,潭水翠绿,清光相映。陡峰峭壁上生有怪柏,悬泉瀑布,飞流其间,水清、树荣、山峻、草茂，趣味无穷。

明月峡中多奇峰怪石，胜景众多。有"山势嵯峨半插天"的天柱山，有高插蓝天、裁云剪雾的青峰"三把刀"，有宽敞宏丽、深不可测的大溶洞——黄颡洞，有茶圣陆羽称之为"天下第四泉"的蛤蟆碚，有腾空飞越的仙人桥……

江水穿过明月峡后，好似脱缰的野马，一路波翻浪卷，过黄颡洞，进入了云峰奇绝的灯影峡。

灯影峡，水道弯曲，山重崖复，人们行舟至此，常疑后有追浪，前无去路。江北千仞石壁上的枯藤古蔓，在五色间杂的岩间纠缠，构成龙纹虎影，又似仙踪人形，且绵延十余华里。江南石牌村上端石鼻山顶上，千百年风雕雨琢，耸起四块奇怪的大石头，活像古典小说《西游记》中的唐僧师徒四众。那孙悟空金鸡独立于艄公溪下侧崖

「灯影峡」

巅，像是一手舞弄金箍棒，一手搭在额上向前方打望；猪八戒长嘴大耳，逶然而随；唐僧头戴昆卢帽，身披五彩袈裟，缓缓而行；沙和尚肩挑经囊，紧步而来。真是惟妙惟肖，栩栩如生。每当夕阳斜照，烟雾轻绕，偌大的天幕下，师徒四人更是身动影摇，宛若活物，又像是皮影戏似的，所以称为"灯影峡"。郭沫若《过西陵峡》诗中"唐僧师弟立山头，灯影联翩猪与猴"，就是吟咏这幅崖顶奇景的。

过石牌村，船驶离灯影峡，即将到达黄猫峡。黄猫峡得名于岸边一块形状似猫的黄色岩石，它是从上往下西陵峡的最后一个峡谷。从相反方向去看黄猫峡，正如苏东坡所言"入峡喜崖"，黄猫峡之于初游三峡的人们来说，让你一入峡就感到峡江两岸峰峦的层出不穷、千变万化。是啊，如果从三峡终点南津关西上进入三峡，迎接游客的黄猫峡——是西陵峡的第一道峡谷，陆游《入蜀记》是这样记下黄猫峡的千峰万嶂的："过下牢关，夹江千峰万嶂，有竞起者，有独拔者，有崩欲压者，有危欲坠者，有

横裂者，有直坼者，有凸者，有洼者，有罅者，奇怪不可尽状。"这黄猫峡中的奇山、奇水，加上奇石（如"姜太公钓鱼"石）、奇洞（如名闻古今的"三游洞"）、奇泉（如"陆游泉"）等，山水泉洞石，美不胜收，不正是整个三峡美的一个缩影吗？

西陵滩险知多少

众所周知，西陵峡险，险在滩多水急。要问西陵峡险滩几何？自古以来，人们多用形象的比喻言其多，鲜见精确的统计。

据《归州志》载：仅归州境内的西陵峡险滩就有34处，即"水大至险者"8处，"水小至险者"18处，"常水至险者"8处，峡区的单线航道有20多处。又据1993年出版的《秭归县交通志》知：长江秭归段，境内流长64千米，此航段平均1.52千米1滩，水急且凶险，船家尤忌，故有"川江重地咽喉，长江锁钥"之称。过去，往来船只上滩全靠人力拉纤，拉滩工人常达300～500人，稍有不慎，瞬息覆溺。

但是，葛洲坝工程兴建后，峡江不少险滩因为水位升高而不复存在；而三峡工程修建后，更使峡江滩险成为历史。高峡平湖时，人们再讲起西陵峡的"青滩、泄滩不算滩，崆岭才是鬼门关"的行船谚语，似乎会有天上人间、恍若隔世之感，但历史却永远记录下峡江险滩昨日的血腥……

泄滩是三峡三大险滩之一，位于归州镇西10千米，香溪宽谷中泄滩河同长江的汇合处。因滩汹险，剑石裸露江水面，故名"泄滩"，又名"叶滩"、"业滩"。泄滩分为大泄、小泄，俗称"泄床"、"泄枕"。《归州志·山水》载："江心有石曰泄床，长三十余丈，又有泄枕，逼水成漩。"泄滩的形成源远流长，并与下游的青滩（即"新滩"）紧密相关。早在明代嘉靖年间，由于青滩两岸崖塌石崩，阻江水涨，泄滩江畔原来那些裸露的剑石，被淹没于水底。加之上滩的北岸，有条滚滚奔流的山溪，每年夹带着大量的沙石块，冲至溪口，年长日久，淤积成巨大的碛坝——令箭碛。南岸长达30余丈的坚硬岩层，横截江心，形成蓑衣石石梁和潜伏暗礁——三劈剑，石梁和碛坝束窄河床，滩的下面，明石暗礁，密布零乱。民谣"上有泄枕，下有泄床"指的就是这里。青、泄二滩，像一对顽皮的"捣蛋鬼"。当洪水季节，青滩的礁石被淹没在水中，表面轻波微浪，险情不大；而泄滩却正是山洪卷泥土、挟砂砾、猛烈冲击的地方，所以险情倍增。到了枯水季节，泄滩水势平缓，航道比较安全，而青滩却因为水位降低，礁石裸露，形成陡滩，威胁航船。

九龙滩，曾称"碎石滩"，古籍上也将此滩称为"吒滩"、"黄魔滩"、"人瓮"，民间俗称"九龙奔江"。它位于归州镇西边，吒溪河同长江的汇合处，是秭归县境内的又一著名险滩。所谓"碎石滩"，是因为这里由无数密集平行排列的侏罗系遂宁组砂岩石梁所构成，长江水手称其为"老虎石"或"红石梁"，属于中、洪水位的一类急滩。其中，九道蜿蜒起伏的石梁犹如九条巨龙，从长江的北岸直奔江心，故得名"九龙滩"、"九龙奔江"。

千百年来，涉足过三峡的人，莫不知道西陵峡中枯水第一恶滩——新滩。原名"青滩"，古名"豪三峡"。位于兵书宝剑峡与牛肝马肺峡之间，长约1.5千米，南岸链子岩、北岸黄岩，悬岩峭壁，临江矗立。江床狭窄，暗礁林立，水流沸腾，泡漩无定。它因历史上的地震和多次山岩崩塌，巨石横亘江心，壅塞河床，造成险滩而得名。新中国成立后，人民政府对"怒石险滩横"的新滩进行了历时数年的大规模根治，经过炸险滩，疏航道，标灯引航，化险为夷。如今，航行无阻，夜晚也可航行，天险航道已变坦途。

崆岭滩在崆岭峡中，峡险，滩更险。崆岭滩被称为"滩险之冠"，峡江有句行船谚语"青滩、泄滩不算滩，崆岭才是鬼门关"就是讲崆岭滩在"西陵三滩"中的"滩险之冠"。

新中国成立后，崆岭滩已经彻底整治：头、二、三珠等明暗礁石都被一一清除；在北漕，开辟了一条70多米宽、3米多深的直线航道；在南漕，河道加宽到60多米；三峡水利枢纽工程完工后，昔日号称"鬼门关"的崆岭，如今已成为昼夜畅通无阻的"太平关"了。

如今，"西陵三滩"也好，"归水四险"也好，已经

「崆岭滩」

不再凶险。人们乘船过峡,再也不必担惊受怕,尽可以放心地观赏天下称佳的西陵胜景。

惟有山川为胜绝

"西陵山水天下佳",那巴东美景、秭归胜迹、屈原故里、香溪风情、昭君故里、高岚风光……叫人流连往返,美不胜收。而在西陵峡上、下峡谷段和庙南宽谷中,山水泉洞石,无奇不有,自古以来即有"西陵多胜景"之美誉。"一代文宗"欧阳修在另一首写给梅尧臣的诗中赞叹:"惟有山川为胜绝,寄人堪作画图夸。"

在西陵峡无数"寄人堪作画图夸"的胜景中,不可不说到峡中的千峰万嶂。对西陵峡的群山,古人多有精彩的描写、吟咏。欧阳修在《忆山示梅圣俞》诗中写道:"吾思夷陵山,山乱不可究","群峰迤逦接,四顾无前后";"江如自天倾,岸立两崖陡"。坐落在兵书宝剑峡口的长江天险链子岩,便是一座"崩欲压"和"危欲坠"的悬岩绝壁,名闻遐迩,震惊中外。

链子岩,又叫"锁不住山",位于新滩南岸,下距三峡大坝26.6千米,它以二叠系下统栖霞组马鞍段煤系为坡脚,由栖霞组灰岩段灰岩为陡壁。1992年,伴随着三峡工程的上马,对链子岩危岩体的整治工作进入最后攻坚决战阶段(整治起始时间为1985年12月),至1997年11月8日大江截流前夕,整治工作全面完成。1998年4月,经有关专家鉴定:链子岩现已趋于稳定。这项工程共计完成2000万立方危岩体底部回填和151个锚孔锚索浇筑,每个锚孔直径达155～175毫米,平均厚度达60米,用10多条直径为3毫米的钢丝浇铸在锚孔内,整个锚索锚固力达3万吨,将250万方危岩体与母体锚固在一起。如此

「链子危岩」

浩大工程，堪为人类奇迹。

　　前文涉及的牛肝马肺峡，不仅以其"牛肝"、"马肺"吸引古今中外的无数游人，而且以其两岸奇峰秀水慑服爱好山水的人们，仙女峰和九畹溪便是其中的佼佼者。

　　仙女峰倚天独秀，俏立云中，诗人陆游称之为"小孤山"。峰顶松青柏翠，崖面流云飞翠，把仙女峰打扮得犹如传说中的白云仙子，在轻纱似的雾罩中翩翩起舞，笑迎宾客。袅袅的白云，不似神女峰的白云那般遮遮掩掩，白云知道神女独守的凄惶，而理解仙女欢聚的甜蜜。从轻舟上看仙女峰，体会到的是仙女对她丈夫的挚爱。若能登上海拔800多米的仙女峰，你会惊讶地发现：遍生的竹，与其他地方的竹迥然有异。其竹矮小，竹叶丝丝缕缕，难成片状。传说，这是仙女在立于江畔千呼万唤夫不归的日子里，她不避艰辛，登上群山之巅，郁结于心的仙女，只得抓住身边的竹枝，将竹叶一片片撕开，以排遣心中那难以了结的愁字。撕呀、盼呀，唱呀、望呀，七七四十九天，山上的竹叶撕光了，喉咙唱哑了。她的忠贞感动了上苍，让她的丈夫死里逃生回到了她的身旁。从此，仙女峰的竹叶成丝状。有的人说，丝状竹叶全系峡风撕裂所致，但当地人却宁可信其为仙女所为。

　　仙女峰下有一条清澈澄碧的小溪，名"九畹溪"。相传楚三闾大夫屈原曾在这里培植九畹芝兰，百亩蕙茞。他怀着统一中国的赤诚愿望，精心为楚国培养治国贤才。所以他在《离骚》中吟道："余既滋兰之九畹兮，又树蕙之百亩。"淙淙溪水抚弄着大自然的琴弦，伴着这位伟大诗人在溪畔行吟。如今，兰花又长遍了九畹，香遍了山乡，屈原"滋兰"、"树蕙"的故事也流芳后世。

　　西陵峡从茅坪至三斗坪一段有一长约31千米的宽谷，被称为"庙南宽谷"。　在太平溪与三斗坪之间，有一个四面环水，面积仅为0.15平方千米的小岛，这便是鼎鼎大名的中堡岛。中堡岛这弹丸之地，不仅以三峡中绝无仅有

「九畹溪」

的岛屿而享有盛名，更重要的是：这样一个名不见经传的小岛，却把三峡大坝托入云天，把能照亮大半个中国的电能献给祖国，实现了"高峡出平湖"的宏图。三峡大坝是当今世界最大的水利工程设施，不可否认的是，三峡大坝的修筑对库区内部的水生、陆生生物的多样化造成不可避免的影响，沿江部分自然景观与人文景观也遭到淹没。但是，从深远的影响上看，长江三峡工程对于交通、航运、能源与防洪等方面带来的巨大效益正是我们所有人所期待所盼望的梦想工程。

黄陵庙是长江三峡第一大庙。地处西陵峡中黄牛峡黄牛山麓，上距三峡大坝坝址中堡岛7千米，下距葛洲坝水电枢纽工程35千米，是国家文物部门重点保护和修复的古迹之一，是中外旅游者心往神驰的地方。黄牛崖下的江边，三峡之中鼎鼎有名的黄陵庙是一座建筑构成十分古雅的庙宇，庙内各项建筑物典雅肃穆、雄伟壮观，林木苍苍，十分显眼，众多碑刻题记等文物资料极其丰富。

「黄陵庙」

从黄陵庙沿江下行，远远可见明月峡口的南岸，有三座奇峭无比的山峰，像是并排插在兵器架上的三柄利剑，刃尖直指长空，上下错落有致，大有"刺破青天锷未残"之势。人们形象地称它们为"三把刀"，原来这是沿着几道垂直裂隙劈裂而成的。

与三把刀隔岩相对的是位于莲沱镇东部的天柱山。天柱山像一根擎天巨柱，高入云天。当地民谣说："湖北天柱山，离天三尺三。"天柱山海拔830米，它浑圆端直，拔地而起，上接云天，景色奇伟。古人有诗赞曰："根在乾坤未判前，不施斧凿自天然，峰巅绿翠孤擎月，山势嵯峨半插天。冬雪凝寒排玉笋，晚霞飞彩簇金莲，可怜台榭常兴废，唯有兹山不

西陵山水天下佳

纪年。"关于天柱山,还有这样的传说:唐僧师徒一行从西天取经回来,路过这里时,暗忖自己修成正果的孙悟空,觉得金箍棒已无用处,便将它顺手扔在江边,变成了天柱山。

从天柱山往下,就到了黄颡洞。在一段直立江岸的悬崖峭壁上,岩壁中部的石灰岩,因长期被水浸蚀,变成了一座溶洞,名黄颡洞。每逢洪水从南岸的喜滩直逼洞口时,它就像一条凶猛的蛟龙,睁着大眼,张开巨口,做出吞涛吐浪的姿态,故又称此洞为"龙洞"。

"仙人桥上白云封,仙人桥下水汹汹,行舟过此停桡问,不见仙人空碧峰"。宋代诗人田钧当年途经仙人桥下,因山水凶险和不见仙女倩影而深感遗憾。黄颡洞之上,一弧天然石桥,跨径5丈,宽仅4尺,飘然伸向江中孤山之顶——升天台,这就是三峡胜景一绝——仙人桥。

除此之外,还有三游洞、下牢溪和南津关等景点。三游洞位于宜昌市西北10千米西陵山北峰峭壁上,背靠长江西陵峡口,面临下牢溪,洞奇景美,山水秀丽。下牢溪清澈碧透,宛如一条长长的绿色锦带,一路挽白云,含翠岭,荡珠漾玉,缓唱轻歌,从北向南将三游洞萦绕,流到洞右山下,注入长江。南津关两岸地势险要,陡壁矗立,江面狭窄,犹如细颈瓶口,江水流到这里,奔腾咆哮,夺口而出,十分壮观。素有"雄当蜀道,巍镇荆门"之说。

「南津关」

南津关是三峡的终点。作为天然画廊的三峡是有止的,而三峡文化作为中国文化的光辉一页,却有着无穷无尽的蕴涵。

西陵峡口大城浮

"峡尽天开朝日出，山平水阔大城浮"。轮船越过层峦叠嶂的群山、穿过滩险浪急的三峡之后，忽然天开水阔，眼前浮现一座崭新的"大城"，这就是湖北省宜昌市。来三峡旅游的人，多把宜昌这座"大城"作为三峡之旅的起点或者终点。

宜昌市位于西陵峡口，是长江中游西端的第一座城市。它历史悠久，而又充满生气，前景美好。宜昌，古称"夷陵"，其名始于《战国策》，是我国古时楚邑。辛亥革命后（1912年），改东湖县为宜昌县。新中国成立后，将宜昌县城区及近郊划设宜昌市（省属），建立宜昌专员公署。1953年，宜昌市改为地辖市，专署则辖九县一市。1979年，宜昌市划属省辖。从上述宜昌的简略建置史来看，夷陵山水富饶，文化积淀丰厚，内容广博，令人翘首神往。

宜昌，"上控巴蜀，下引荆襄"，"蜀道三千，峡路一线"，"控楚蜀之交带，当水陆之要冲"，素称川鄂咽喉，是上通巴蜀，下联江汉，商船往来如织、山货堆积如山的著名"中转站"。历史上曾"连樯接舶，衔尾不绝"。光绪二年（公元1876年），清政府与英国签订的不平等条约《中英烟台条约》，辟宜昌为对外通商口岸，英、美、德、意、瑞典、比利时等国相继在宜昌建起了太古、美孚、德士古、亚细亚等10多个码头，宜昌港成了帝国主义大肆掠夺中国财富的转运站。至新中国成立前，举目宜昌港，所见的是难遮风雨的芦席棚，摇摇欲坠的"吊楼子"，一个个骨瘦如柴的搬夫，到处是码头工人凄厉的号子声、沉重的脚步声和坠江的呼救声……

新中国成立后，宜昌港回到了人民的怀抱，从此揭开了崭新的一页。增加了码头，机械作业取代了工人的繁重体力劳动，实现了水、陆、空联运，极大地方便了旅客，全港货物的吞吐量比初期提高了几十倍。宜昌城也变成了一座不夜城，拿宜昌港区来说，

「今天的宜昌」

西陵山水天下佳

《三峡游览志》的作者是这样描绘宜昌港的夜景的：

「宜昌夜景」

　　宜昌港的夜景更是迷人。绵延数十里的码头是一条长长的灯河，宜昌城宛如浮在大江波涛之上。多姿多彩的水银灯，红红绿绿的指示灯，交织成一片璀璨的灯的海洋。它映在水中，好像把江面的浪花点燃了似的；它照在码头，就像银星万颗、明珠串串，好似天上的银河飞落港口。

云岭翠峰壮山河

长江中游的名山以兼具雄壮和秀丽而得名,是人文景观与自然景观相得益彰的和谐代表。武当山"七十二峰朝大顶,二十四涧水长流",神秘玄妙,可谓是"亘古无双";九宫山层峦叠翠,绵延起伏,林木茂盛,郁郁葱葱;衡山终年翠绿,山峰常年笼罩在一片碧绿之中,自然景色十分秀丽;井冈山林木繁茂,山峦雄伟,风景秀丽,千姿百态;庐山以雄、奇、险、秀闻名于世,素有"匡庐奇秀甲天下"之美誉。翠峰环绕,云舞其间,置身其中,仿佛走进了传统的中国水墨画……

看过长江上游的名山，我们沿着长江顺流而下。走进楚文化故地，感受大自然在长江中游地区留下的鬼斧神工之作。湖北省水网纵横，湖泊密布，素有"千湖之省"的美誉。汉江是长江第一大支流，在这里与长江交汇，孕育辉煌的楚文化。在地形上，湖北省正处于中国地势第二级阶梯向第三级阶梯过渡地带，地貌类型多样，山地、丘陵、岗地和平原兼备。湖南省全省南、西、东三面山地环绕，比较大的山脉分别是与广东交界的南岭山脉，西部的武陵山脉，与广西交界的越城岭以及与江西交界的罗霄山脉。

> 湖北和湖南两地历史文化悠久，早在原始社会时期就有少数民族的生活痕迹。荆楚大地人杰地灵，英雄辈出，湖南以岳麓书院为代表的书院文化名扬天下，近现代以来的曾国藩、左宗棠、毛泽东、刘少奇，开国十大元帅中湖南省占了3人。还有著名的教育家、军事家、科学家、作家等；湖北也不用说，伍子胥、屈原、王昭君、孟浩然、李时珍、董必武、林彪等都是响当当的历史名人。真不负"惟楚有才，于斯为盛"的赞誉。

沿着长江继续穿行，走进赣鄱大地江西。江西省得名于唐玄宗设置的江南西道，意为江南西部地区。地形以丘陵山地为主，盆地、谷地广布。江西省自古以来物产丰富、人文荟萃，素有"物华天宝、人杰地灵"之誉。山川以秀丽著称，人文景观与自然景观相得益彰。

亘古无双武当境

武当山位于湖北省十堰市丹江口境内，是中国著名的道教圣地之一。武当山古称太和山、谢罗山、磣上山，属于大巴山的东段。武当山向东与历史文化名城襄阳市相邻，向西与车城十堰市相接，背靠茫茫林海的神龙架景区，面临水波淼淼的大型人工淡水湖丹江口水库。

武当山的自然景观集中国五大名山的独特之处于一身。兼有东岳泰山的雄壮，西岳华山的险峻，南岳衡山的秀丽，北岳恒山的幽静，中岳嵩山的峻峭。武当山的主峰天柱峰又称金顶，海拔高达1612米，远观犹如孙悟空的金箍棒一样直冲苍穹，素有"一柱擎天"之誉，傲视群峰。天柱峰上还建有金殿，建成于明朝永乐年间，可谓是武当古建筑的精华所在，举世无双。整个金殿由铜铸鎏金制成，显得金碧辉煌，流光溢彩。环绕主峰的其他峰群皆朝向主峰"行礼"，形成万山共同朝祝贺

「武当山金顶」

主峰的奇观。金童峰和玉女峰遥遥相望，亭亭玉立，似是主峰座下的金童玉女在旁侍立。大笔峰和中笔峰以天地为宣纸，挥毫泼墨，好不畅快。狮子峰恰似一只卧狮眺望远方……还有其他的山峰争相比美，有的像顽皮的猴儿，有的像盛开的青莲，千奇百怪，美不胜收，形成了"七十二峰朝大顶，二十四涧水长流"的神秘玄妙的自然景观。

「金殿」

武当山常年紫气氤氲，风云变化莫测，四季景致各异。这里的春天是万物复苏生长之际，四处都呈现出生机勃勃的盎然之意；这里的夏天树木葱茏，百花齐放，还有飞瀑高悬，消去夏日的炎热，只留一片清凉；这里的秋天秋高气爽，云雾缭绕，层林尽染，红叶满地；这里的冬天银装素裹，满眼都是白茫茫的一片，树、峰、亭、台、楼、阁纷纷

「仙雾缭绕武当山」

好像穿起了雪做的新装。四时奇景有"天柱晓晴"、"陆海奔潮"、"雷火炼殿"、"月敲山门"、"祖师出汗"、"海马吐雾"等不同景观，处处彰显了武当仙境的神秘空灵。

武当山气候宜人，降水充沛，适宜的气候条件使得其间动植物资源丰富，品种繁多。据初步统计，已知全山现有植物758种，兽类49种，昆虫1055种，其中不少是国家一、二级保护对象。武当山还是许多珍贵中草药的故乡。李时珍所著的《本草纲目》当中记载有1800多种草药，武当山内就有400多种，因此武当山被誉为"天然药库"。据考察统计，全山共有药材617种，其中还不乏何首乌、灵芝、黄连、天麻、天竺桂、千年艾、巴戟天等珍贵药材。

「武当山雪景」

武当山不仅拥有可以与五岳相媲美的自然景观，也拥有历史悠久的人文景观，因此被誉为"亘古无双胜境，天下第一仙山"。武当山有规模宠大、气势雄伟的古建筑群。早在秦汉时，就有许多隐士和信徒到此结茅为庵。有史记载：唐贞观年间，太宗敕建五龙祠；大历年间建"太乙"、"延昌"等庙宇；宋宣和年间创建紫霄宫；明永乐年间花费十二年时间，在武当山上建成9宫9观等33处建筑群。武当山的古建筑群还体现出道教"道法自然"的思想，尽量保持武当山的自然原始风貌不变。工匠们充分利用这一思想原则将每处建筑单元都建在峰峦与溪流的合适位置上，每座宫观的间距还有规模都布置得恰到好处，使建筑与周围环境有机地融为一体，不显突兀。综观全山所有古建筑，集中体现了道教思想的自然玄幻，江南园林的精致典雅和大殿仿照皇宫的宏伟壮丽。

「武当山古建筑群」

相传武当山是真武大帝的修仙得道之地，民间流传这样一个关于真武大帝的传说。传说在天的西边，大海的尽头有一个美丽的净乐国，国王为政清廉，皇后心地善良，整个国家国泰民安，富裕昌盛。有一天，善胜皇后正在御花园里游玩观景，忽听空中一声巨响，只见青天开了一个门，众位仙人捧出红红的太阳朝下一扔，一道金光飞到她的面前，刹那间那太阳变成了一个通红透亮的小果子，"哧溜"一声钻进她嘴里，转眼间滑进了肚里。从此，善胜皇后便有了身孕。整整怀了十四个月，到了次年三月初三的正午时分，善胜皇后生了一个又白又胖的娃娃，那娃娃刚落地就会说话，先亲亲热热喊了一声"爹爹"，又亲亲热热喊了一声"娘亲"。顿时引来了龙飞凤舞、百花盛开的场景。举国上下都在欢庆真武太子的降生。太子在十五岁的时候在御花园里碰到了玉清圣祖紫元君，他对太子说："想得道成仙，得要断绝人间情缘，避开红尘世界，越过大海往东走，那里有一座武当山，是你修道的好地方。"他离开了娇养他的父母，舍弃了优厚的皇家生活，孤身一人乘舟渡海，来到了武当山。真武经历了艰苦的修炼历程，最终得道成仙，被玉皇大帝封为亚帝，坐镇武当。

云绕层峦九宫山

九宫山位于湖北省通山县，是鄂赣两省的交界地区，横亘鄂赣边陲的幕阜山脉中段。主峰老崖尖（老鸦尖）海拔1657米，被称为鄂南第一高峰。因魏晋南北朝时期陈文帝、晋安王陈伯恭等兄弟九人为避战火在此修建9座行宫而得名为"九宫山"。九宫山层峦叠翠，绵延起伏；林木茂盛，郁郁葱葱；溪水叮咚，百花争放，兼具赏景、避暑、休闲于一体。

「九宫山全景」

九宫山是大自然天然的氧吧，森林履盖率达到96.6%。这里夏季平均气温只有21℃左右，一年内最高气温不超过30℃，并且这里的夏天一日三

「云雾中的九宫山」

季：午前如春、午后似秋、晚如初冬，素有"天下第一爽"之称。九宫山四季景色也各有不同：春可赏花，走进茂密的森林小路，看着繁花以锦的山坡，别有一番滋味；夏来避暑，这里气温宜人，又有叮咚的泉水与山间的鸟鸣与你做伴，感受徐徐凉风，清爽宜人；秋赏红叶，碧空万里，从山顶远眺，云雾似海，蒸腾缭绕，到处都是山清水秀的景色；冬览雪景，看雪国大地，银装素裹，分外妖娆，似有北国风韵。

据《九宫山志》记载，九宫山有奇特的八景吸引游人注意。八景分别为：剑分巨石、狮拥云关、虎伏天门、龙潭皓月、凤岭清风、泉崖喷雪、古松飞涛、屏列三峰。而我们现在所说的九宫八景，与此颇有出入。

第一景为青松迎客（怪松坡），此景位于狮子坪，是攀登九宫山的必经之处，又称"山门"。上侧山峰，可以看到一形如狮子盘踞的怪石，崖旁即为怪松坡。据说过去是一片古松林，现在坡上生有数株怪松，它们簇拥直立于道路两旁，形态各异。游人可根据其形态发挥创造力与想象力：有伸展松枝的"迎客松"，有相

「青松迎客」

偎相依、盘根错节的"含羞松"，有枝繁叶茂、迎风摇摆的"摇摆松"等。这些奇松树龄平均年龄都在300年以上。

第二景为云湖夕照（云中湖），此景位于凤凰岭，旧称"龙潭皓月"。新中国成立后将"潭"开辟为"湖"，故而更名。湖面宽约百亩，水量充沛，是湖北省最大的高山湖泊。春夏两季，云雾在湖面堆积奔腾，

「云中湖」

随着山风拂过,云雾在碧绿的湖面上飘荡,夕阳西下之时,山峰之景映于湖面,云雾、山峰、夕阳晚霞仿佛都融入湖中,恍如仙境,正是"山光云影共徘徊"。月光下的云湖更加静谧澄澈,头顶孤月皎皎,环湖灯火通明,映得湖水五彩缤纷,偶闻蛙鸣一片,好像走进了龙宫水殿……漫步湖滨,自会过滤焦躁心绪,还你沉静安详。

第三景为泉崖喷雪(喷雪崖),此景位于凤凰岭西南。云中湖水从崖顶飞奔而下,直落涧底。远远望去,只觉得泉水瀑布如白色的布帛垂坠而下,有时候在阳光的照射下,那水流好似纷飞的雪花。等到隆冬看雪之季,就可以看到冰棱倒挂、银光闪烁的景观。古人有诗云:

「泉崖喷雪」

> 匹练高悬万仞端,纷纷冰雪落层峦。
> 松涛一壑清相映,虎豹犹惊六月寒!

第四景为云海波涛(铜鼓包),观看云景。九宫山九峰连绵,降水丰沛,形成独特的高山气候。云雾笼罩在高山深谷之上,置身其间,感觉云雾随着你的脚步移动,或依偎着,或从身边飞过,不禁会产生自己正在腾云驾雾的错觉。雨雪初霁的云雾最值得观赏,此时阳光初露笑脸,浮光跃金,云蒸霞蔚,好像传统的中国水墨画一般好看。

第五景为真君石殿(祖爷殿),位于云中湖畔,始建于南宋时期。殿身全部用青石方砖垒砌而成,是九宫山唯一保存下来的古建筑。康熙年间

云岭翠峰壮山河

「祖爷殿」

曾经修缮过，现在还存有"敕建钦天瑞庆宫"石匾一幅。相传此殿是供奉九宫山开山祖爷张道清的腊尸之所，因此名为"祖爷殿"，他的徒子徒孙们每日祭拜，祈求能像他一样羽化登仙。

第六景为伏虎天门（一天门），位于云中湖的东南处。沿着古道拾级而上就可以达到一天门。此处原建有道观大门，大门两边有一副对联："半山上下分晴雨；一岭东西判楚吴。"一天门的右侧有一石崖，状如伏虎之首，虎视眈眈地注意着周围的情况。其旁又有数块小岩石，俨然一群小老虎跟随其后，造型独特，栩栩如生。这样一条古道确有"一夫当关，万夫莫开"的气魄。

第七景为云关石刻（万山石），位于云关之处。沿着九宫山的北麓上山，爬过好汉坡，穿过滚头坪，便可到达云关。云关古时是香客进山朝拜的大门，穿过九曲回肠的石阶小径，可以看到两块光滑如镜的巨石，石壁上刻有"拔剑中行"四字，相传是张道清劈山开路所为。巨石顶刻有"万山"二字，是南宋末年的爱国诗人谢枋得所书。攀至半途中，正觉精疲力竭之时，只见"不负初心"四字步入眼帘，顿觉精力充沛，一口气登上山顶，饱览山下风光。

第八景为陶姚泉洞（陶姚洞），是一个小山洞。据《九宫山志》记载："陶姚二真人，唐时修道九宫。"此洞即为陶姚二人修仙的居所。据说这陶姚二女是李元吉的陶妃和姚妃，玄武门之变后死里逃生，便来到此处隐居，后得道成仙。洞内有二石凼，清泉汩汩入凼，溢而流之，源源不绝，有人说这泉是陶、姚二仙的眼泪汇聚而成的，水中多矿物质，置硬币于水面而不沉，诸多妙趣。洞顶的石罅中还生有杜鹃花，每逢春季，争奇斗艳，蔚为奇观，让人不得不感叹杜鹃的生命力之顽强。登上巨石之顶，还可以一览云中湖的景色。

九宫山因为明末农民起义的领袖将领闯王李自成殉难于此而成为著名的文化旅游景区。现在的九宫山分为各具特色的六大板块：中港游览区、云中湖游览区、石龙峡游览区、铜鼓包游览区、金鸡谷森林公园游览区和闯王陵游览区。如今的九宫山正以一个崭新的面貌出现在游客面前，令游客赞不绝口。

衡山碧色映朝阳

衡山是我国五岳中的南岳，位于湖南省衡阳市，海拔高达1300.2米，是我国著名的道教与佛教圣地。衡山终年翠绿，山峰笼罩在一片碧绿之中，自然景色十分秀丽，真是"行尽千山与万山，衡山更在碧云间"，因而有"南岳独秀"之美称。

「衡山风光」

> 衡山是一曲立体的交响乐。鬼斧神工的大自然是指挥家，绵延起伏的山峦，星罗棋布的寺院，终年碧翠的林木，淙淙的溪流，林间漫步的精灵都是谱成和谐乐章必不可少的乐器，他们共同协作努力，终于完成了衡山的"独秀"篇章。

南岳由72座山峰组成，因此也有"青天七十二芙蓉"的说法。这72座山峰横跨了湖南省18个市（区、县），逶迤800里。这其中"回飚吹散五峰雪，往往飞花落洞庭"的五峰分别是祝融峰、紫盖峰、天柱峰、石廪峰和芙蓉峰，被称为"衡岳五峰"，是衡山的代表。

衡山有"四绝"，分别是祝融峰之高、藏经殿之秀、水帘洞之奇和方广寺之深。祝融峰是南岳的最高峰，海拔1300.2米，高耸云霄，雄峙南天。宋朝诗人黄庭坚有《祝融峰》一首，诗曰：

云岭翠峰壮山河

> 万丈祝融插紫霄,路当穷处架仙桥。
> 上观碧落星辰近,下视红尘世界遥。
> 螺簇山低青霭霭,线拖水远绿迢迢。
> 当门老桧枝难长,绝顶寒松叶不凋。

祝融峰高峻挺拔,登上峰顶,驻足远眺。只见松杉环绕,郁郁葱葱;脚下群峰如浪,绿涛起伏不定;洞庭湖畔,秋水共长天一色。

藏经殿坐落于赤帝峰脚下,隐藏于密林之中。大殿为黄色和绿色的琉璃瓦覆盖,森林的绿与墙的红交错,煞是好看,仿若置身于仙境中的"琼楼玉宇"。因此有"藏经殿之秀"的盛名。

「衡山祝融峰」

衡山多有水景。包括淙淙的流水,碧绿的清潭,飞逝的瀑布,然而其间最令人叹为观止的当属紫盖峰下的水帘洞。《南岳志》有载:"南岳七十二峰无弗泉者,惟水帘瀑布,为南中绝胜处。庐山之瀑奇可肆,天台之瀑高而寒,雁岩之瀑逎而峭,而水帘之瀑兼而有之。"那水帘自高崖处缓缓落下,飘飘洒洒如垂帘一般,远望似柔若无骨的银纱。瀑布喷出的水花和雾气扑面而来,沁人心脾。凑近瀑布,可以听到流水击石的音乐,水花在阳光的照耀下,夺目刺眼。整个人置身于蒙蒙的水

「衡山藏经殿」

「衡山水帘洞」

汽与雾气之中。难怪宋朝有诗人赋诗一首：

> 洞门千尺挂飞流，玉碎珠帘冷喷秋。
> 今古不知谁卷得，绿萝为带月为钩。

方广寺位于莲花峰的"莲蕊"之中，以深邃幽静得名。这里古木参天，溪水淙淙。方广寺不仅深入南岳的腹地，而且居于腹地的深谷之中。方广寺始建于南朝梁武帝年间，后来多次废弃重建，保存至今外貌完好。方广寺的枫林和杉树十分有名，枫叶红火，杉树翠绿，长势茂盛，置身其间，顿觉凉爽。正如古人所云："不到祝融，不足以知其高。不入方广，不足以知其邃。"

「衡山方广寺」

星火燎原井冈山

井冈山位于江西省的西南部，地处湖南省与江西省边界相交之处的罗霄山脉中段。北接本省的永新县，南邻湖南的炎陵县，西临湖南茶陵县，东连本省的泰和、遂川两县。井冈山群山巍峨，山峦雄伟，最高峰海拔达到2120米。这里林木繁茂，林海莽莽，高山幽壑，飞瀑流泉，奇石怪洞，风景秀丽，千姿百态。古有"郴衡湘赣之交，千里罗霄之腹"之称。

"井冈山"这个名称的由来在当地有这样一种说法：清朝初年，有许多人为了避开清朝初年的战乱，迁徙到五指峰

「井冈山」

山下的一块小平地重建家园。由于这里四面环山,地形特别像村里后院中的一口水井,恰好村前有一条溪流淌过,客籍人称溪为"江",遂将此地名为"井江"。这村子也就叫做"井江山村"。由于口音的原因,后人慢慢将"江"变成"岗",这个村子又开始称为"井岗山村"。尔后又有人迁居此地,他们认为村子不是建造在山头,而是建在山脚,就把"井岗山村"的"岗"改为"冈",于是村子便开始称做"井冈山村",于是便有了"井冈山"这个地名。

井冈山内有许多有名的旅游景区,是当今旅游胜地。五指峰是井冈山的主峰,位于茨坪西南面6千米处,海拔1586米,有五座山峰并峙耸立,如五匹骏马昂首嘶鸣。五指峰峰峦由东南向西北伸延,绵亘数十千米,气势磅礴,巍峨峻险。

「五指峰」

五指峰并没有对游人开放,人们只能隔岸通过观景台远望其巍峨险峻的雄姿。五指峰还有一座瀑布,名曰"飞龙瀑",落差约200米,如同一条银色的巨龙直冲而下,流水拍击岸石,无数水滴洒落在游人身上,形成薄薄的雾气。五指峰脚下还有一群峦湖,为主峰景区增添了迷人色彩。

大井周围的群山,"横看成岭侧成峰,远近高低各不同"。这里古树成林,郁郁葱葱,溪涧流泉清冽,叮咚作响。当地居民的住宅造型风格古朴,白墙黑瓦,环境清幽,与周围的环境和谐相处。旅行者从喧闹的大城市来到这里,看到的是一幅山水田园画,如醉似梦,深陷其中。大井还是著名的红色革命纪念地,革命历史参观点有毛泽东旧居,红军医务所旧址等。1927年10月下旬,毛泽东率领中国工农革命军上井冈山首先就到达这里。他领导红军深入群众,向群众宣传革命真理,组织、武装群众。这里是中国革命的摇篮,点燃

「毛泽东故居」

了中国革命的星星之火。井冈山碑林由碑亭、碑廊、自然碑型等部分组成，因势而构，曲折环绕。碑林由书法家舒同题写，碑文是参加过井冈山斗争的老红军的题词，党和国家领导人在井冈山革命时期的手书，

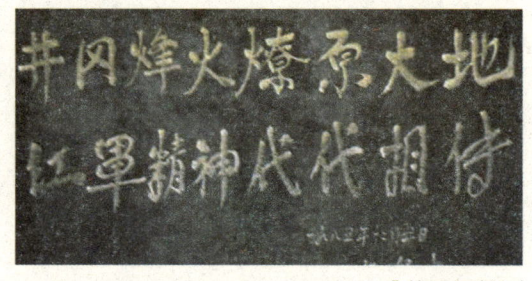
「井冈山碑林」

以及部分知名人士和书法家的墨迹。其思想内容丰富，书法艺术精湛，是茨坪景区一处新的游览点。

黄洋界位于茨坪西北面17千米处，是自然景观与人文景观相结合的景区。黄洋界山顶海拔1343米，是井冈山五大口（双马石、桐木岭、朱砂冲、八面山、黄洋界）之中最著名的一个哨口。这里地势险要，峰峦叠嶂，巍峨峻拔，

「茅坪」

时常弥漫着茫茫的云海，如同白茫茫的一片汪洋大海，是井冈山观赏日出的极佳地点。

杜鹃山景区位于井冈山的南大门，以"十里杜鹃长廊"、"七大峰"和"五大奇观"的名声而享誉国内。春天，是赏花的季节，漫山遍野杜鹃开放，就如同一丛丛火焰点燃井冈山，就如同当年的星星之火的燎原之景，景致

「井冈山黄洋界」

蔚为壮观。除了映山红的杜鹃品种以外，还有60多种其余种类，白的像纯洁的冰雪，紫的像晶莹的葡萄，粉的像害羞的姑娘的脸庞，黄的像太阳的光芒……漫步在杜鹃山，头上是花的海洋，脚下是花的地毯，落英缤纷。秋天，这里层林尽染，枫叶满布，漫步其中，仿佛进入到色彩斑斓的油画

「井冈山杜鹃花景区」

世界。冬天，这里有十里雾凇，银装素裹，分外好看。

在井冈山的中心，有一处青山环绕、林木葱葱的地方，这里便是当年红军党政机关集中的地方。1927年的时候，中国革命进入到极其艰苦的岁月。毛泽东同志领导秋收起义，在井冈山建立了第一个农村革命根据地。朱德与陈毅在随后的南昌起义后与毛泽东顺利会师，成立了中国工农红军第四军，开辟了农村包围城市，武装夺取政权的革命道路。现在这里不仅留有毛泽东与朱德的故居、革命政权的机关、红四军旧址，还包括烈士纪念塔、革命博物馆、烈士纪念堂等人文景观。

> 千年的历史变迁，不变的青山秀水，积淀下来的是浓郁的地方文化。从1927年星星之火在井冈山燎原之后，井冈山的生命力得到了焕发，形成了享誉国内的井冈山精神。井冈山的苍翠秀丽、群峦叠翠、古木参天他、山涧飞瀑、林间泉水、漫山遍野的花卉等所有的自然景观与井冈山传奇的石刻碑林，顽强不屈的井冈山精神……共同构成了井冈山的深厚自然人文景观。

庐山秀出南斗傍

庐山位于江西省九江市南部，面积近300平方千米。庐山绵延有90余座山峰，主峰汉阳峰海拔高达1474米。庐山的地理位置得天独厚，位于九江市南部，扼大江与大湖的交界处，北面是滚滚东逝的长江，东南方是我国第一大湖鄱阳湖，烟波浩渺，水汽蒸腾。向东直达宁沪。庐山以"雄、奇、险、秀"闻名于世，素有"匡庐奇秀甲天下"之美誉。

庐山是一座崛起于平地的巍峨孤立形山系，属淮阳弧形山系。它经历过复杂而又漫长的地质运动，庐山本来为积雪覆盖，后来地球变暖，经过冰川剥蚀作用,造就了山高谷深、巍峨峭立的庐山全貌。

庐山又称"匡庐"、"匡山"。《山海经》称其为"天子都"、"天子鄣"或"南鄣山"。庐山是千古名山,其自然景观以风光秀丽著称,危峰秀峦,翠谷幽幽;云景变幻无常,气韵诡谲;悬崖瀑布,幽谷流泉。

「庐山秀」

山光水色交相辉映,构成了一幅浓墨重彩的山水水墨画。苏轼的千古绝唱《题西林壁》中"横看成岭侧成峰,远近高低各不同。不识庐山真面目,只缘身在此山中"以简明生动的文字道出了庐山的变幻莫测与神奇瑰丽。

"匡庐山高高几重,山雨山雾浓复浓"。庐山有90余座山峰,她们或秀丽如画,或直耸入云,或剑指苍天。汉阳峰是庐山第一高峰,海拔1474米,曾有诗云:"东南屏翰耸崔巍,一柄芙蓉顶上栽。四面水光随地绕,万层峰色倚天开。当头红日迟迟转,俯首青云得得来。到此乾坤无障碍,遥从瀛海看蓬莱。"汉阳峰的山顶建有"汉阳台",台北面还有"庐山第一峰"的石刻。站在汉阳峰顶,可以南观鄱阳,北望长江,四面景色皆一览无余。南为紫霄峰、东北有小汉阳峰。西北乃一峡谷,名曰"康王谷"。相传秦灭六国时楚康王曾隐居于此,谷内常年溪水淙淙,绿树成荫,田园鸡舍,鸡犬相闻,传言这便是东晋著名诗人陶渊明的《桃花源记》中"桃花源"的原型。谷的末端有一瀑布,名为"谷帘泉"。庐山的秀峰是香炉峰,双剑峰、文殊峰、鹤鸣峰、狮子峰、龟背峰、姊妹峰等

「汉阳峰」

诸峰的总称。其中香炉峰最为知名，唐代大诗人李白赞颂道："日照香炉生紫烟，遥看瀑布挂前川，飞流直下三千尺，疑是银河落九天。"海拔1358米的五老峰虽高度不及汉阳峰，但名声亦大。曾有人感叹："庐山之景，尽于东南，故五峰奇绝，竟无有与之相抗者，谁谓匡庐无主峰也。"将五老峰的地位与

「香炉峰」

「五老峰」

汉阳峰相提并论，在云雾缭绕之山涧，五位老人端坐，临"海"垂钓，鹤发鸡皮，飘然欲仙。

庐山之美，瀑布居其首位。正所谓是"泰岱青松，华岳摩松，黄山云海，匡庐瀑布"。庐山降水丰沛，山势突兀，在悬崖峭壁之间形成了各式各样的瀑布，有三叠泉瀑布、开先瀑布、石门涧瀑布、黄龙潭和乌龙潭瀑布、王家坡双瀑和玉帘泉瀑布等组成的庐山瀑布群。安史之乱时，李白曾在庐山避战乱长达半年之久，隐居于三叠泉旁的太白书堂。三叠泉是三级瀑布，正如"上级如飘雪拖练，中级如碎玉摧水，下级如飞龙走潭"，聆听瀑布拍打在巨石上发出的轰鸣作响之声，感受如雾似玉的水汽在身边蒸腾，经常有"未到三叠泉，不算庐山客"的说法。

明代的诗人王世懋曾经这样咏诵三叠泉：

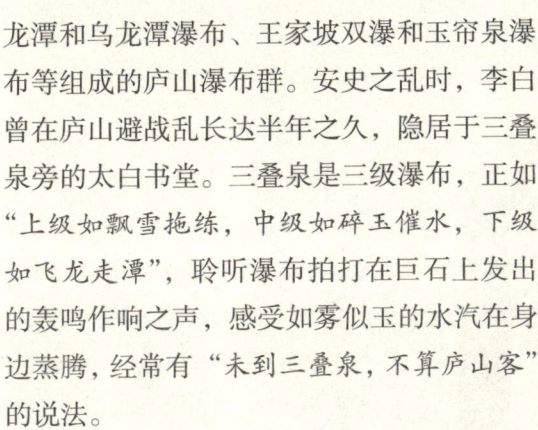

「三叠泉瀑布」

> 三叠泉从山南最高处，冉冉盘空而降，初级如云如絮，喷薄吞吐，流注大盘石上。水石冲激，乃始滢洄作态，珠迸玉碎，复注二级石上，汇为巨流，悬崖直下龙潭。飘者如雪，断者如雾，缀者如旒，挂者如帘，直入山足，森然四垂，涌若淋汤，奔若跳鹭。其声则蕴隆之候，风掀电驰，霆震四击，轰轰不绝。又如昆阳、巨鹿之战，万人鸣鼓，瓦岳相应，真天下第一伟观也。

有关庐山的瀑布，还有这样一个传说：相传秦始皇曾得到一根威力无比的神鞭，神鞭所到的地方就是最坚固的山峰也会崩裂。有一次，秦始皇用神鞭抽去骊山一角，这一角变成了一座孤山。秦始皇想再试试神鞭的威力，又连抽了那孤山几鞭，不料那山好像通了人性一般，为了逃避秦始皇的鞭打，跑到了长江南岸的鄱阳湖畔。此时天色已晚，秦始皇自己也疲惫不堪，决定第二天再鞭打孤山，用山岩铺平自己去蓬莱仙境的道路，藉以求得长生不老。哪知当夜南海观音闻讯赶来，南海观音知道始皇阴沉狠辣，便乘其熟睡之际，用普通的鞭子换走了神鞭。第二天秦始皇醒来，仍然准备举鞭打山铺就自己的下海之路。哪知这座孤山岿然不动。秦始皇大怒，一气之下连抽这孤山九十九鞭，打得那山满是鞭痕，秦始皇自己也汗如雨下，但是那山却仍然纹丝不动地屹立在原处。从此，那山便在鄱阳湖畔扎下了根，这就是今日的庐山。那九十九道鞭痕，就是后来庐山的九十九座锦绣深谷，秦始皇当初鞭打庐山时身上流淌而下的汗水就化作了群山之中的银泉飞瀑。

「白鹿洞书院」

庐山不仅风景秀丽，而且文化内涵深厚。集文化名山、教育名山、宗教名山于一身。大哲学家朱熹振兴了白鹿洞书院，由此开创了中国讲学式教育的先河。这里还是东晋著名文学家欧阳修的故居所在，庐山还有很多佛教寺院、道教道观、伊斯兰教、基督教与天主教的教堂多座，这里还是当年有名的庐山会议召开的地方。

江山如此多娇

长江下游的名山就好像清新秀雅的小家碧玉，山地与丘陵风景秀丽，精致典雅。天柱山集雄、奇、灵、秀于一体，凌空耸立，擎天入云；黄山以"五岳归来不看山，黄山归来不看岳"而得名；九华山九峰形似莲花，幽深静谧，风景如画；栖霞山每当深秋时节，满山枫叶红似火，层林尽染；普陀山四面环海，素有海天佛国、南海圣境之称；佘山山体绵延，山景在上海市内难得一见。在吴淞口回望长江流域的名山奇峡，我们胸中涌动的是对祖国大好河山的无限热爱……

安徽省地跨长江下游与淮河中游，是中国史前文明的重要发祥地。安徽省拥有淮河文化、徽文化（新安文化）、庐州文化、皖江文化四大文化圈。安徽大地锦绣多姿，文化古迹众多，是中国旅游资源最丰富的省份之一，境内拥有许多有名的山峰，诸如黄山、九华山、天柱山、琅琊山、齐云山等。

江苏省地处富饶美丽的长江中下游三角洲地区，地形主要以丘陵、平原为主。

江苏拥有丰富的旅游资源，其自然景观与人文景观交相辉映。有烟波浩渺的湖光山色，风景秀丽典雅；有古朴的古镇水乡，小桥流水人家洗去城市的浮华；有雅致的古典园林，独居江南水乡的气韵；有传奇的千年名刹，香客众多；有规模宏大的帝王陵寝，铭记隽永的历史……在这里纤巧清秀与粗犷雄浑交汇融合，不显突兀，可谓是"吴韵汉风，各擅所长"。

上海市地处长江三角洲的边缘地带，东临东海，西接苏浙，是长江的入海口。长江与东海在此处交汇。这里交通便利，四通八达，腹地广阔，地理位置极优，开创了浦东的发展奇迹。沧海桑田，变化莫测，昔日的小渔村成为现如今中国经济最发达的城市之一，是世界上最大的港口城市，金融、科技、贸易发达。

天柱一峰擎日月

天柱山位于安徽省安庆市的潜山县，得名于其主峰有如神柱可以擎天。天柱山也是长江与淮河的分水岭，集雄、奇、灵、秀于一体。其自然景观雄奇灵秀，人文景观荟萃，令人赞叹。

> 天柱山同时兼有北国山川的雄伟与南国山川的秀气。峰无不奇，石无不怪，洞无不杳，泉无不吼。纵观整座天柱山，奇峰耸立，巍峨壮阔；怪石罗列，似人似物；飞瀑流泉，声势浩荡；奇洞异景，妙趣横生。《古今图书集成·潜岳》称其"为长淮扞蔽。空青积翠，万仞如翔，仰摩云霄，俯瞰广野，瑰奇秀丽，不可名状"。

江山如此多娇

传说在远古时候，玉皇大帝召集群仙开会，因为会议内容重大，上至三十三天诸仙，下至十二沟渠五岳四渎之神，都务必要去赴会，太上老君也不例外。且说这时太上老君的坐骑青牛，早有想独自遨游神州大地的愿望，迟迟得不到机会，看见主人多日不在洞府，就隐身避开守洞的童子，化为人形驾云穿雾，偷偷下凡。也

「天柱山」

不知过了多长时间，青牛如醉如痴地饱览人间仙境，享受大自然芬芳，玩得筋疲力尽，想找一个合适的地方休息一下，找来找去也没有发现一个让它满意的栖身之处，走着走着突然发现了一处奇景，只见此处四面奇峰环绕，有一个绿水清澈的小湖。又累又热的"青牛"喜不自胜，顾不得多想，庞大的身子就地一卧，呼呼睡着了。

太上老君赴会完毕回宫才发现自己宠爱的坐骑青牛不见了。微微感应之后，发现青牛正酣睡好眠，就派遣守洞童子将自己心爱的灯柱送到青牛身边，点灯七日，灯灭之时就是它回洞府之日。谁知青牛却再也没有醒过来，化成了形似老牛睡卧形状的山峰，人们便将此山称为"牛山"。那

「天柱峰」

童子见青牛化为山峰，就将太上老君的灯柱放在青牛旁边，与它做伴，谁知灯柱竟化为一根擎天神柱，人们便称它为"天柱峰"。

天柱山雄四十五峰，峰峰皆有灵气。山中奇石怪岩，流泉飞瀑，还有幽洞、古寨，令人神往。

天柱峰，又称"皖伯尖"，"万山尖"、"朝阳峰"。天柱峰海拔1488.4米，历史悠久，它凌空耸立，一柱擎天

入云，岩石嶙峋奇绝，形态各异，天柱主峰形如石笋，拔地入云，顶天立地。千丈悬崖好似为巨斧劈过，险峻无比，神仙难过。有的似天柱，有的如锥体，有的像火炬，有的如宝剑。古语有"五岳归来不看山，黄山归来不看岳，天柱归来不看峰"的赞誉。唐代大诗人李白在望见天柱峰的奇景后，曾放声高歌："奇峰出奇云，秀木含秀气。清冥皖公山，巉绝称人意。"白居易也曾咏叹："天柱一峰擎日月，洞门千仞锁云雷。"

在天柱峰前的正面崖壁上，刻有清咸丰都统李云麟和国民党抗日第五战区副司令张淦的"孤立擎霄，中天一柱"八个大字。国民党第二十一军军长张义纯的"顶天立地"四个大字直书其下，气魄宏伟，令人惊叹。天柱山山势险要，是天然的天堑，被誉为江淮的屏障。这里可攻可守，历来是古代兵家争夺的战场。

天柱山绵延起伏，峰峦叠起，有许多自然形成的大小洞穴。有的洞口前有巨石拦路，只允许一人通过，有的岩洞内里宽阔，甚至可容纳多人坐卧。这些迷洞中尤以神秘谷巧夺天工，神秘莫测。神秘谷全长400余米，落差100余米。全

「天柱山岩洞」

谷巨石错落有致，幽深静谧。它由洞穴和山谷构成，谷底是怪石垒成的天然洞穴，可以通往被称为"龙宫"、"迷宫"、"逍遥宫"的三座主洞。第一洞是逍遥宫，只觉昏暗难认，阴气逼人，只能匍匐前进。进入第二洞，忽感宽敞高大，洞内还有滴水穿石的景色。第三个洞群有五个洞穴，左洞还有石桌和石椅，好似曾有人居住。这里真可谓是洞中有洞，洞洞相连，奇妙无穷。谷内有怪石异草，似丹墀仙境，引人入胜。

天柱山还有峰高不过10米，如巨斧劈开一般，下不着地的一线天；一

「云雾中的天柱山」

峰独立入云，峰顶巨石如盖，似从天外飞来的飞来峰；人迹罕至，浓雾缭绕，如入瑶池仙境的蓬莱岛；曲折宛转，绵延十余千米，汇千万溪泉而成的九井河等景观，还荣膺"世界地质公园"的称号。

黄山归来不看岳

黄山位于安徽省南部，原名"黟山"，唐朝时才更名为"黄山"，取自"黄帝之山"之意。传说黄山是轩辕黄帝曾修身养性、炼制仙丹，并最终飘然飞升的地方。黄山以奇松、怪石、云海、温泉、冬雪"五绝"著称于世，拥有"天下第一奇山"之称。徐霞客曾两次游赏黄山，

「黄山风光」

赞叹说："薄海内外，无如徽之黄山。登黄山，天下无山，观止矣！"后人引申为"五岳归来不看山，黄山归来不看岳"。

黄山在早期形成山体时，经历了地壳抬升和造山运动，再加上自然风化的作用影响，形成其峰林结构。黄山七十二峰素有"三十六大峰，三十六小峰"之称，主峰莲花峰海拔高达1864.8米，与旷达的光明顶、惊险的天都峰并称三大黄山主峰，为三十六大峰之一，群峰叠翠，山势绵亘。

黄山松是生命力顽强蓬勃的象征，它们分布于海拔800米以上的高山，扎根于岩石的罅隙处。它们造型奇特，针叶短粗，顶平如削，以奇取胜，以多著称。它们有的顶平如盖，有的顶如剑柱，有的挂悬绝壁，有的伟岸挺拔，苍翠如滴，千姿百态。黄山松之所以形成于岩石的罅隙处主要是种子被风吹到岩石的

「黄山奇松」

缝隙处,再加上黄山松顽强的生命力与适应能力,使它能够健康生长。黄山有十大名松,分别是树龄超越千年、黄山的标志迎客松,生长在附近的望客松和送客松,还有探海松、蒲团松、黑虎松、卧龙松、麒麟松与连理松。黄山松坚贞不屈,永葆青春,用别样的方式将山峰装饰得更加秀丽。

黄山峰海之间不乏以奇取胜、以多闻名的怪石。它们形态万千,可谓千奇百怪,令人叫绝。有的像身着古袍的仙人,有的像翱翔于苍穹的飞鹰,有的像奔跑在草地上的野兽,情态各异,栩栩如生,著名的有仙人指路,猴子观海,犀牛望月,梦笔生花等,无不惟妙惟肖,共同构成黄山上一幅幅天然山石画卷。这里的怪石,多是形成于100多万年前的第四纪冰川期,是大自然留下的杰作。

「仙人指路」

关于梦笔生花有这样一个传说:很久以前的一年春天,唐代诗人李白来到黄山游玩,看到这里的山峰重峦叠翠,景色优美,忍不住诗兴大发,诗文张口即来,只听他高声吟道:"黄山四千仞,三十二莲峰;丹崖夹石柱,菡萏金芙蓉……"这声音惊动了狮子林禅院的长老,他想知道是何处才子正在吟诗,走出院门,仔细端详,只见发现是一位身着白衣的潇洒才子,经询问才知道原来这位才子就是"仰天大笑出门去,我辈岂是蓬蒿人"的诗仙李白。这位长老仰慕李白已久,便急忙吩咐小和尚拿来山中的特色——用清泉酿制的米酒与文房四宝。长老与李白面对山中美景,席地而坐,探讨诗文,开怀畅饮。过了一会儿,李白为长老诚挚的待

「猴子观海」

客态度所感染，想要作诗一首赠予长老，藉以感谢长老的招待。长老大喜，吩咐小和尚们拿来笔墨纸砚。李白于是趁着酒兴开始奋笔疾书，长老及小和尚们站于两旁看着李白书写，看到李白豪放不羁的态度与遒劲的大字，纷纷赞叹不已。李白书写完毕之后，顺手将毛笔一掷。李白将诗文交给长老后，趁兴而归，与长老告辞。

「梦笔生花」

长老将李白送走，回到自己的狮子林禅院的时候，突然发现刚才李白抛下的毛笔已然化成一座笔峰，而笔尖变成了一棵松树，伫立其间，不禁大吃一惊。这就是如今我们见到的"梦笔生花"石。

「黄山云海」

黄山的云海与其他处的云海有所不同，它们以山为体，变化多端。自古黄山云成海，黄山的云海以美、胜、奇、幻享誉古今，一年四季皆可观赏。峰峦、怪石、古松与云海相依相伴，幻化出各式各样的奇妙景观，让人好像来到了诗般的如画意境。尤其是雨雪初霁，日出日落之时的云海景色最让人叹为观止。风平浪静的时候，云海波平如镜，云絮飞舞，脉脉含情，这个时候的云雾仿佛触手可及。转眼间风起云涌，云雾翻滚，霎有气吞山河的壮阔，浩浩荡荡如惊涛拍岸一般。云在山峰处，人在云海里，仿佛在人间仙境一般。正如郭老在《黄山之歌》中赞叹："（黄山云海）森罗万象，瞬息万变，忽隐忽现，或浓或淡，胜似梦境之迷离。"

黄山的温泉源出海拔850米的紫云峰麓的逍遥溪，与桃花溪隔溪相望。黄山温泉与骊山温泉、安宁碧玉泉是我国温泉的"三奇"代表。温泉水质主要含重碳酸，水质纯正，清澈甘甜，传说当年黄帝炼丹成功之后，在温泉里睡了三天三夜，醒来时脱去凡体，羽化登仙，故又被誉为"灵泉"。

黄山的"冬雪"是后来加上的黄山第五绝。它是大自然巧夺天工的上乘之作，是当之无愧的黄山"第五绝"。黄山

「黄山温泉」

的冬雪与北国的万里冰封的厚实感不同，是与黄山的群峰、奇松、怪石、云海、温泉相互映照的巧妙结合。每逢冬雪过后，群峰都宛如穿上了银色的新衣，此时的莲花峰不再是夏季的红莲，变成了天山脚下的雪莲花；群峰上千奇百怪的怪石林，像一尊尊身着素服的神仙，聚集在峰头之上；雪后初晴的时候，云海与雪域相映，满眼只见白茫茫一片，他们共同构成了一幅动中有静、静中有动的雪景图，将黄山妆扮得如同一个晶莹剔透的冰雪世界。

「黄山冬雪」

黄山有名的水除了温泉之外，尚有飞瀑、碧潭和清溪。比较有名的有"人字瀑"、"百丈泉"和"九龙瀑"，并称为"黄山三大名瀑"。人字瀑古名"飞雨泉"，从紫石、朱砂两峰之间流出，分化为两股瀑布，成"人"字形；百丈瀑在青潭与紫云峰之间，顺千尺悬崖而跌落，形成百丈瀑布；九龙瀑的溪水从罗汉峰与香炉峰之间，分九叠倾泻而下。古人赞曰"飞泉不让匡庐瀑，峭壁撑天挂九龙"，将九龙瀑与庐山的瀑布放在平等的地位相提并论，是黄山最为壮丽的瀑布。每当暴雨过后，瀑布的流水格外轰然震耳，瀑声伴着风声响彻山涧。

> 黄山就是这样一处兼具泰山的雄壮、华山的峻秀、衡山的云海、庐山的飞瀑、峨眉的清爽的山峰。在中国名山中占据前列，是大自然的亘古上乘之作。

九朵芙蓉并蒂开

九华山，位于安徽省池州市，古称"九子山"、"陵阳山"。因九华山的九座山峰都形似莲花，故而得名。九华山方圆百里以内有99座山峰，主峰十王峰海拔1344.4米，除此之外，还有莲花、天台、天柱、芙蓉、罗汉等八峰最为雄伟。九华山与山西五台山、浙江普陀山、四川峨眉山并称为中国佛教四大名山，是"地狱未空誓不成佛，众生度尽方证菩提"的大愿地藏王菩萨道场。

九华山北俯长江，南望黄山，东监太平湖。境内群峰竞秀，幽深静谧，古洞怪石，飞瀑流泉，山间古刹钟声，香烟缭绕，是人佛并存的心灵净土。风光旖旎、气候宜人，是旅游避暑的胜境。九华山素有"有名之峰九十九，无名之峰九十九"的说法，山是景的魂，水是景的魄。九华山山水风景最著者，旧志载有九华十景，分别为：天台晓日、化城晚钟、东崖晏坐、天柱仙踪、桃岩瀑布、莲峰云海、平岗积雪、舒潭印月、九子泉声、五溪山色。

「九华山风光」

天台山海拔1306米，是九华山的第二大主峰。在天台山顶上有观日出的两处佳境分别为捧日亭和云峡。观赏日出，须在凌晨天未亮之时出发，找一晴朗之日，与东方的启明星一起迎接太阳的到来。于观日台旁坐好，只见东方将亮未亮之时，地平线上进出一线微明，渐渐变成了橙黄色的半

「天台山山顶」

圆形，越来越圆……突然，一轮红日如火球一般从东方跃起，冉冉上升，一下子挣脱地平线的束缚，染红了无边的云海，照亮了周围的九十九峰。向远处望去，山外沃野千里，田园风光无限，远处的梯田呈现出一派欣欣向荣的景象。据说在天台峰常可看到九华佛光，山峰与寺院映在佛光中，现象奇特，正如宋人吴潜诗云："一莲峰簇万花红，百里春阳涤晓风。九十莲花一齐笑，天台人立宝光中。"

九华山开山祖寺化城寺古时原有一座一万余斤重的大铁钟，后毁于战乱。现存铜钟高2米，重1000多千克，为清光绪年间所铸。当年每当红日西沉，化城寺钟声响，响彻山谷，全山各大小寺庙庵堂的僧尼，随着钟声开始诵经。释圆道诗曰："化渡群生悲愿宏，城开两序别西东。晚来香火因缘盛，钟送梵音彻太空。"

东崖位于九华山东峰的北面，该处外观巨岩方正、色如黑漆。相传还是僧人的地藏初来九华山时，常晏坐岩头诵经

「化城晚钟」

观景，故又名"晏坐岩"。明王守仁曾两次于岩头端坐，与和尚谈经论道。曾有《岩头闲坐漫成》诗文一首：

> 尽日岩头坐落花，不知何处是吾家？
> 静听谷鸟迁乔木，闲看林蜂散午衙。
> 翠壁泉声穿乱石，碧潭云影透晴沙。
> 痴儿公事真难了，须信吾生自有涯。

江山如此多娇

继地藏、王守仁之后，文人名士争相仿效，以东岩为题，留下众多诗文。

天柱峰位于九华后山的青峭湾，天柱仙踪是九华山十景之一。天柱峰一峰突立，拔地而起，峭壁陡绝，如柱擎天，直入云霄。释圆道诗曰："天人常乐岁华新，柱接蓬莱万象春。仙侣同游传妙谛，踪留胜迹喜超尘。"天柱峰周围，群峰绵延，重峦叠翠。南有展旗峰，宛如随风飘扬的旌旗；北有滴翠峰，四季常青，翠色欲滴；西北侧有五老峰，五峰耸峙，细雨迷蒙之时，如同五位仙人踏云驾雾，漫游天际。九华乡贤方向荣先生遗作有《天柱仙踪》一诗云：

> 五老相随到九华，欣然忘返在天涯。
> 丹炉烟袅双溪雾，汞鼎光浮七彩霞。
> 无事静观云出岫，有时轻驾鹤回家。
> 谪仙人去高风在，天柱时时散落花。

碧桃岩瀑布是安徽省九华山第一大瀑布，因唐人赵知微在此种桃，花开为绿色而得名。桃岩瀑布大而长，水从危岩飞落，喷珠溅玉，阳光照耀下，五光十色，熠熠发光，其间又有金沙、碧玉两泉映带萦绕。唐人王季文诗中描绘碧桃岩瀑布道："翠屏横截万里天，悬水落成千丈玉。"

「碧桃岩瀑布」

莲峰云海是九华山主峰莲花峰的著名景区。因其山腰常年云蒸雾绕，形似玉带，登至绝顶，常见云海奇观，莲峰云海由此得名。九华山多雾，一年约有三分之一的时间都处在云雾之中。每当雨霁放晴，山气清白之时，白茫茫的薄雾就会弥漫整个山间，似烟似云。青峰位居上，仿佛是云海中的孤岛，有亭亭玉立之感。诗僧圆道作诗曰："莲笋青霄碧欲流，峰浮岚滴正三秋。云天缥缈关心远，海宇澄清争上游。"

「莲峰云海」

古称"九华绝险,平岗独平。四时美景,雪天最清"。出九华街,登上平冈,只见一片琼山玉峰,银装素裹,红墙古刹分外醒目。古树枝头纷纷为积雪所压,晶莹灿烂。满眼都是白茫茫的雪景,仿佛置身于冰雪世界中。诗僧圆道诗曰:"平添峰顶白莲寒,岗化琉璃色界宽。积玉堆金拾不尽,雪山苦行忆当年。"

翠盖峰下,有一泉三潭。潭名"舒姑潭",传说舒女善歌,歌声婉转动听,一曲歌毕,能使飞鸟停落,百花盛开,蝴蝶起舞,游鱼露头,后来舒女化作鲤鱼。每当天朗气清的夜晚,一月印水,三潭皆明。诗僧圆道诗曰:"舒姑仙子志超尘,潭证儿女清净身。印可禅心寂互照,月轮皎洁两圆明。"

「九华山晚霞」

"九子泉声"指的是九子岩邻近的泉水飞流千尺、声震动天的场景。这里风景迷人,每逢春夏之交,在此可听飞泉撞石之声,声音大时,声震山谷,澎湃汹涌;闲静时,淅淅沥沥,清脆悦耳。流水之声与小鸟啼叫、古寺钟声相交融,组成自然与人文融为一体的美妙交响乐声。

五溪山色的"五溪"是指龙溪、缥溪、澜溪、双溪和舒溪。这五条河溪奔腾直下,奔流于悬崖峭壁之间,最后注入长江。清人周斌在《九华山志》中称:"九华山以天台为首,化城为腹,五溪为足。"五溪之景有山有水,山水和谐,风景如画,故将"五溪山色"列为九华十景之首。

九华山就是这样一个幽深静谧,峰峦叠翠,苍松与翠竹共生,清潭与飞瀑相伴,古刹建于山间,自然之景与人文之景和谐相处的国家级名胜风景区。

青山红叶栖霞山

栖霞山位于南京市市郊栖霞区，是江南名山之一。因山中建有"栖霞精舍"（即栖霞寺）而名，栖霞山有三峰，主峰凤翔峰海拔 284.7 米，状若飞舞的彩凤，据《栖霞新志》载："凤翔峰，一名最高峰，因峰上有三茅宫，所以又名'三茅峰'。自古以来，凡赏枫游人，皆鼓勇登凤翔峰览胜。"东北有形如卧龙的"龙山"；西北有好似正在休息的猛虎，名为虎山。栖霞山的地学内涵极为丰富，古生物化石众多，因此也被专家称为"天然地质博物馆"或"地学教科书"，还被乾隆皇帝誉为"第一金陵明秀山"。

「栖霞山」

栖霞山山中有栖霞寺、舍利塔、千佛岩、明镜湖、纱帽峰等众多自然景观与人文景观。栖霞寺地处凤翔峰的西麓山林之中，整体风格朴实典雅，落落大方。据说在南齐之时，有一名士明僧绍不愿出仕为

「栖霞山一角」

官，将住宅改修为寺院，取名"栖霞精舍"。唐朝的时候扩建，栖霞寺是南京地区最大的佛寺，现有山门、天王殿、毗卢殿、藏经楼、鉴真纪念堂等主体建筑。栖霞寺还与山东长清县的灵岩寺、湖北当阳的玉泉寺、浙江天台山的国清寺并称"四大丛林"。

「栖霞寺」

千佛岩位于凤翔峰西南麓，明僧绍之子与智度禅师合作在此开凿三圣像以纪念明僧绍。传说明僧绍曾梦见西岩壁上有如来佛光，于是立志在此凿造佛像，他病故后，其子继承他的遗志，开始与僧智度禅师在西壁上凿佛龛，镌刻了三尊佛像，分别是无量寿佛，观音菩萨与势至菩萨，这三佛合称"西方三圣"。佛像有515尊，分凿于294个佛龛中，这些佛像大小不一，形态各异，变化多姿，表情多样，此处便号称"千佛崖（岩）"。现如今，在千佛岩旁的舍利塔上又发现了飞天浮雕，其所用技法和人物线条皆与敦煌相似，对研究敦煌文化又作出不少贡献。纱帽峰位于千佛岩的山巅处，被千佛岩众佛龛环抱。明朝王世贞有《千佛岩》一诗，曰：

> 仲璋感先志，诸王贪凤因。
> 雕锼惭伎俩，刊削减嶙峋。
> 千佛本非佛，一身犹幻身。
> 云门拈出后，黄面少精神。

「千佛岩」

关于千佛岩还有一个神奇的归还文物的故事。千佛岩里曾有一尊宋代的佛像在民国初年被人盗去在日本拍卖，一位日本老太太购得。老太太每日虔诚地对佛像磕头祭拜，后日本发生东京大地震，周围人家屋毁人亡，只有老太太一家安然无恙。夜里，老太太梦见佛像现身，并告诉她：我救了你一家性命，也请你帮我完成一个心愿。我想回到南京的千佛岩。于是老太太写信给中国政府，查到果然有尊宋代佛像曾被盗，于是，老太太便把这尊佛送回了栖霞山千佛岩。

栖霞山最为出名的当属"霜叶红于二月花"之景。栖霞山也是中国有名的四大赏枫胜地之一。霞山西侧的枫岭，有成片的枫树，深秋时节，漫山枫叶红的似火，层林尽染，好像一幅美丽的图画作品。地上是火红的"地毯"，远远望去，"火光"好像映红了半边天空，傍晚时分，晚霞布满天空，与树上团团的"火焰"相得益彰,热烈奔放。枫叶与山峰相知相伴,令古往今来的游人陶醉其间,真有"停车坐爱枫林晚,霜叶红于二月花"之感。

群峰竞秀数普陀

「栖霞山的枫叶」

普陀山位于浙江杭州湾以东约100海里,素有"海天佛国"、"南海圣境"之称。严格来说普陀山是舟山群岛中的一个小岛,整个岛为菱形,南北长8.6千米,东西宽约3.5千米,岸线长达30千米。中部的佛顶山最高,海拔288.2米。

普陀山四面环海,景色迷人,曾被誉为"第一人间清净地"。普陀山四面环海,去普陀山必从莲花洋经过,每当微风拂过,莲花洋的海浪就如同千万朵莲花开在海上,随风而动,形象生动。还未靠近普陀山,第一眼就可看到普陀山的象征——南海观音的铜像矗立在普陀山上,只见他慈悲地俯瞰前来的芸芸众生,表情庄严肃穆。普陀山虽然山势不高,胜在山势绵延不断,高低相差不多。从空中俯瞰,就好像是遗落在大海中的一颗绿色宝石。山中的奇石、葱郁的森林、寺院与崖刻,僧人吟诵的梵音与撞钟之声,令普陀山

「普陀山全景」

充满了佛国的神秘色彩。一派"海上有仙山,山在虚无缥缈间"的朦胧,身临其境,如临极乐国土,尘念顿消。

普陀山素有"海岛植物园"之称。全山除了有千年古樟外,还有我国特有的珍稀濒危物种——被列为国家一级保护植物的普陀鹅耳枥。普陀山植被覆盖以佛顶山为中心,向四周成环状分布,山坡为灌木草本植物,局部为针叶林和常绿阔叶林、落叶阔叶林,沙丘水滩为兼盐性植物群落,滨海岩壁为海藻群落。普陀山的野生动物资源较为丰富,据调查,列为国家

二级保护动物的有舟山獐、穿山甲以及各种鸟类、蛇类等。

普陀山是一座悬浮海中的山。山的脚下不是崎岖的山路,而是柔软的金沙。海浪、金沙、翠树和绵延的山陵环绕着大批古老的寺庙,构成了一幅幅海天佛国的画卷。这里青峰翠峦、洞幽壑险,有许多奇岩怪石:磐陀石、二龟听法石、心字石、海天佛国石等。磐陀石由上、下两石相聚而成,下面的石头体积庞大,上面的石头凌空孤立。远远看去,好像悬挂着一样,摇摇欲坠,相传这里是观音大士说法讲经之处。二龟听法石在磐陀石西下山岩间,岩上好像有两只石龟:一只蹲在岩顶,昂首延颈,起身欲行;一只在岩壁上顺着岩边正在往上爬,仿佛在追赶上面的同伴,一起去聆听高僧讲解佛法。传说观音菩萨在普陀山的说法台上讲经说法的时候,东海龙王知道以后派了他的两个龟相来听经,没想到两相听得入了迷,不愿再回龙宫,龙王知道后非常生气,就将他们化为了石头。还有许多幽深的山洞——梵音洞、潮音洞、朝阳洞、观音洞等自然景观。

这里包括有名的普陀十二景:莲洋午渡、短姑圣迹、梅湾春晓、磐陀夕照、莲池夜月、法华灵洞、古洞潮声、朝阳涌日、千步金沙、光熙雪霁、茶山夙雾、天门清梵,它们或险峻、或幽幻、或奇特,给人无限的遐想。

「潮音洞」

看似波澜不惊的山峰,一路欣赏葱葱郁郁的树林,不知名的各种花花草草,偶尔还有鸟儿从身边飞过,突觉峰回路转,山路渐陡。假如是雨雾的天气来普陀山,可以看到如雪似絮的云雾从海上飘来,绵延的翠峰时隐时现,普陀山就如同掩映在云雾中的仙山,等待有缘人的到来。

普陀山也有许多名胜古迹,它们大多与观音结下了不解之缘。首先不得不提的就是普陀山的象征——南海观音铜像。这座铜像高33米,重70余吨,是当今观音铜像之最。"千处祈求千处应,苦海常作渡人舟"的观音大士是行善积善、普度众生的代表。站在广场上,抬头瞻仰南海观音,

「普陀山南海观音铜像」

只觉得他俯视着芸芸众生，慈眉善目，脸如满月，眉目清秀，左手托法轮，右手结无畏印，显现大慈大悲相，端庄严肃，令人顿生膜拜之心。传说这尊铜像开光那天，早晨本是乌云密布的天气，8点时，当妙善方丈宣布开光的时候，铜像上方天空顿时金光闪闪，佛光普照，好像有白衣观音的圣像出现在天空，在场的4000余信众亲眼目睹，承受佛光，无不惊叹。

小小的普陀山上遍布大寺小庙，琉瓦飞檐隐于山间，现于林间。普济禅寺是普陀山的第一大寺，寺院规模宏大，有"五步一楼，十步一阁"之称。寺院内有参天古树，古朴的寺墙，聆听寺庙里的念经之声，低沉悠扬，听完之后顿觉心静。大圆通殿是普济寺主殿，殿中供奉高8.8米的毗卢观音为菩萨正身法像，两边端坐观音"三十二应身"，一尊尊看去，虽然姿态神情各异，却都透出一种庄严肃穆的氛围。

「普济禅寺」

这里还有关于观音菩萨的许多其他传说。例如岸边的梵音洞每逢潮起潮落，便会传出一阵阵奇异的响声，人们认为那是观音菩萨在讲经，因此梵音洞也被认为是观音菩萨在此处现身讲经或者千僧诵经的圣地。山上还有一个小水潭，叫做"光明池"，传说这潭中的水是观音菩萨布施的圣水，可以治疗眼病。据说明武宗正德年间，皇太后还专门派人来取水，这水竟真的使她的眼睛康复，从此声名大噪。

王母斩蛇造佘山

上海是长江的入海口，佘山位于中国上海市松江区，被誉为"大上海的后花园"。园内有大大小小的十二座山峰，犹如十二颗大小不等的绿色宝石。佘山可以说是上海唯一的山，整个佘山分为东佘山和西佘山，海拔分别是100.8米和97米，山体绵延13千米，使一马平川的上海平原呈现出难得一见的山林景观。

「上海佘山」

关于佘山的由来有三种说法：第一种说法是说王母斩蛇造此山。传说在很久以前，峨眉山有两条修炼千年之久的一条青蛇和一条黄蛇，他们日夜一起修炼，终于苍天不负有心人，同时得道升天。八月十五是王母娘娘的瑶池宴会，这两蛇也受邀参加，他们偷饮了三口瑶池仙水，化为腾云驾雾的真龙，却仍不满足，还准备再偷吃蟠桃延年益寿，被王母娘娘发现后逐出瑶池，于东海放逐。一路上，它们相互埋怨，都觉得是对方的错，开始内斗。这一打斗对民间造成了严重的影响，使得整个中原地区连降3个月的暴雨，百姓无辜遭殃。东海龙王速将此事禀报玉帝，玉帝与王母大怒，命雷公雷婆前去降服。在雷电轰击下，他们现出原型，最后坠地而亡，变成了两座蛇山。青蛇因为坠落于西边，成了西蛇山，黄蛇由于坠落于东边，成了东蛇山。后人因"蛇"字不吉利，遂改称"佘山"。第二种说法是东汉时有一位佘姓将军在功成名就之后，适时选择在此处幽静之所隐居。后人便以将军的姓氏作为山名，现在东佘山还有一座佘将军庙。第三种说法是宋朝杨家将中的佘太君曾路过此处，并在此居

「上海佘山一角」

住，后人出于对杨家将的敬仰，遂以太君的姓氏给此山命名。

佘山主要的游览景区是东佘山园与西佘山园。佘山虽然海拔不高，但是景色优美，植被覆盖率相当高，可以说是天然的氧吧。悠闲之时，三五好友，拾阶而上，只见山上绿影婆娑，山间曲径通幽。东佘山园以自然景观与生态资源取胜。这里林木繁多，郁郁葱葱，山上的动植物资源十分丰富。据说走遍大半个中国写下《徐霞客游记》的明朝旅行家徐霞客曾三游佘山，他的万里之行就起步于此。这里以竹为傲，以竹为胜，来到这里可以回归自然，享受这里的清幽宁静。

西佘山是佘山自然景观与人文景观兼具的最大景区。山上的自然景观主要是遮天蔽日的参天古木。最有名的当属山顶浓荫深处的一幢气势非凡的赭红色建筑，这就是每年吸引无数游客与香客的"远东第一大教堂"佘山圣母大教堂。佘山圣母大殿与法国罗德圣母大殿齐名，集多种建筑风格于一体，采用"无木、无钉、无钢、无梁"的四无结构，堪称不对称的典范。

「佘山圣母大教堂」

参考文献

[1] 吴成国.天造地设——长江流域的大、小三峡.武汉：武汉出版社，2006.

[2] 汪长星.三峡文化综论.天津：南开大学出版社，2012.

[3] 陈文.三峡新旅.北京：中国铁道出版社，2010.

[4] 孟祥荣.三峡古代诗歌导读.西安：陕西旅游出版社，1992.

[5] 郑敬东.中国三峡文化概论.北京：中国三峡出版社，1986.

[6] 李道林.云岭翠峰——长江流域的名山.武汉：武汉出版社，2006.

[7] 赵万民.长江三峡风景名胜区资源调查.南京：东南大学出版社，2007.

[8] 赵霞.水光山色——长江流域的仙山宝岛.武汉：长江出版社，2014.

[9] 韩欣.中国名山.北京：北京东方出版社，2005.

[10] 单之蔷.中国景色.北京：九州出版社，2008.

[11] 谢凝高.中国的名山大川.北京：中国国际广播出版社，2010.

[12] 朱光甫.妙悟山川.南昌：江西美术出版社，1998.

[13] 木容.山文化.北京：中国经济出版社，1995.

[14] 梵净山风景区官方网站：http://www.fjsfjq.com/.

后 记

说起来，我写作长江三峡的读物已经不是第一次，早在1998年，应《中华长江文化大系》丛书编委会的邀请，我曾著有《天造地设：长江流域的大、小三峡》一书，并于2006年由武汉出版社、中国言实出版社联合出版。这套丛书64本因为整体推出等多方面的缘故，各位丛书作者从接受任务、完成写作到正式出版，历时达8年之久，许多当年的作者戏称为"八年抗战"。

此次"长江文明之旅"丛书，从构思到体例设计，从分卷书名的拟定到作者的圈定，从动笔写作到正式出版，都称得上是高效的。"长江文明之旅"丛书虽是科普性质的读物，但对每一分卷的作者来说，的确是时间紧、任务重。在我审查书稿时，我庆幸自己的第二作者刘畅选得好，她是我们湖北大学历史系中国古代史硕士点的研究生，在写作方面给了我很多支持，表现出良好的科研能力和写作水平。

受篇幅所限，本书主要描述的是长江流域的名山、三峡的自然景色和人文景观，特别在名山部分，需要在"名山"中选"名山"，因此许多长江支流上的某些名山只好放弃入选介绍。

本书在撰写过程中曾参考和引用网上的材料与文献、图书资料，因丛书体例的限制未能一一标注，也未能联系上所有作者，在此致以深深的歉意，并希望作者看到后与我们联系。

作为一名历史研究者，我主张在我们的专业教学中植入爱乡、爱土教育。湖北地处长江中游，有幸承担本书的写作，我把它视作是"知湖北，爱湖北"的一种责任，也是建设"文化长江"的一种担当。谨以此书献给爱乡、爱土和热爱长江文化的广大读者！

吴成国
2018年7月30日于武昌沙湖之滨

图书在版编目（CIP）数据

名山奇峡/吴成国，刘畅著．—武汉：长江出版社，2019.6（2023.1重印）
（长江文明之旅丛书．山高水长篇）
ISBN 978-7-5492-6522-0

Ⅰ.①名… Ⅱ.①吴…②刘… Ⅲ.①长江流域—山—介绍②长江流域—峡谷—介绍 Ⅳ.①K928.3

中国版本图书馆CIP数据核字（2019）第105317号

项目统筹：张　树
责任编辑：吴曙霞　　苏密娅
封面设计：刘斯佳

名山奇峡

刘玉堂　王玉德　总主编　吴成国　刘畅　著
出版发行：上海科学技术文献出版社
地　　址：上海市长乐路746号　200040
出版发行：长江出版社
地　　址：武汉市解放大道1863号　430010
经　　销：各地新华书店
印　　刷：中印南方印刷有限公司
规　　格：710mm×1000mm　1/16
印　　张：10
字　　数：136千字
版　　次：2019年6月第1版　2023年1月第2次印刷
书　　号：ISBN 978-7-5492-6522-0
定　　价：39.80元

（版权所有　翻版必究　印装有误　负责调换）